Josep M Clopés

La meditación

Tu fuente de poder

executiveMeditation

LA MEDITACIÓN – Tu fuente de poder

www.executivemeditation.com

ISBN: 9.788409.403684

Depósito legal: 2204110899884

Primera edición: Mayo 2022

Correctores:

1° Orland Grapí Rovira

2° Oriol Rissech Gasulla

Portada y contraportada:

Arbert Gasulla y equipo de diseño

Gasulla Comunicació S.L.

Autoedición: Riccardo Braccaioli

riccardo@braccaioli.com

http://www.braccaioli.com /

ÍNDICE

Cuando meditas… abres la percepción. Observas el silencio del vacío, entrelazado entre las fibras de la actividad en tu vida.

Contempla el dinamismo y el silencio infinito de la Naturaleza, creando y sosteniendo la REALIDAD.

El autor – verano 2014

A la memoria de mis padres.

A mis hijos Gerard y Arnau.

A todos los buscadores auténticos y, en especial, a aquellos con los que me he tropezado y que tanto me han inspirado.

AGRADECIMIENTO

A todas aquellas personas que me han apoyado a lo largo de mi camino. A todos ellos, cuyos nombres me reservo, pero que están presentes y han dejado su huella en mi corazón, mi sincero, profundo y sentido agradecimiento.

Escribir un libro es un verdadero reto. Requiere esfuerzo y disciplina. Hay momentos de inspiración y satisfacción, pero hay otros con incertidumbres, inseguridades e incluso de caos. La perseverancia ante los desafíos acaba por dar sus frutos y culminar tu cima personal. Aquí está la compilación de todo ese proceso creativo que ha necesitado de ocho años para poder materializarse.

Pienso que soy una persona capaz y que tengo autoconfianza para afrontar metas. Si bien caminar por tu cuenta te lleva rápido por la senda, para llegar lejos, debes ir acompañado. Este libro también es el resultado de muchas personas. Muchas que me han conducido y apoyado a lo largo de toda mi vida y otras durante mi etapa como profesor de meditación avanzada. No puedo menos que agradecer a todas aquellas personas que confiaron en mí y en mis conocimientos. Gracias a todos ellos, ya que han sido la fuente principal de inspiración para mi crecimiento personal, sin los cuales hubiera sido imposible la realización de esta obra.

Quiero agradecer a todos los **participantes** (anónimos) que me han permitido, de manera desinteresada, presentar los datos y gráficos personales que se muestran en los ejemplos e incluso identidades para la realización de este libro.

En especial y con mucho cariño mi agradecimiento a: **Sra. Mariona Enrich, Sra. Montserrat Moreno, Sra. María Dolores Pardo y Sra. María Pilar Plans** quienes cedieron, de manera generosa, sus fotografías personales para ilustrar los cambios físicos producidos por la práctica regular de la meditación.

Mi agradecimiento a **Jaume Esteve de Mental Area™** por su apoyo ilimitado en mi estudio y avance científico en el campo de la neurociencia y de los registros EEG.

Al **Dr. Manuel Sans** y su familia por su cariño, apoyo e inspiración. Con su frase "*estoy convencido de que este libro tiene un contenido conceptual fundamental y que tiene que contribuir, y mucho, a despertar las mentes de mucha gente*" ha sido un referente y un sostén siempre presente.

A **todas y cada una de las personas** que han cedido y firmado con sus nombres, de manera generosa y altruista, sus testimonios personales e íntimos para ser publicados en la web de Executive Meditation™ para informar e inspirar con ello, a otras personas.

A todos los **Siddhas y Meditadores** que depositaron su bien más preciado: la confianza. Ellos han sido la principal fuente de energía y el poder de su incondicional presencia.

A **Maribel Herrera** y **Jordi Giró** de Mas La Talaia™, meditadores y siddhas. Nos conocimos al inicio de mi camino con la meditación, con los cuales he compartido tantos momentos y retiros. Su ayuda ha sido inmensa en mi proyecto de enseñanza.

A **Imma Arias**, quien me ha apoyado (con su equipo) a lo largo de los últimos cinco años, abriendo su micrófono en el programa de radio y televisión "Camí a l'Èxit™" de Cooltura FM™ y Tevecat™.

A profesionales que me han ayudado en la lectura y revisión del documento final: **Orland Grapí** y **Oriol Rissech** por la lectura, corrección y orientación en el documento final.

A los profesionales de diseño de portada y contraportada: **Albert Gasulla** y su **equipo** de Gasulla Comunicació™.

A mi asesor para la autoedición y publicación de la presente obra **Riccardo Braccaioli** por su generosidad y apoyo.

Mi especial agradecimiento a **Jordi Català** por su inestimable apoyo en la lectura y consejos en la revisión del documento final. A su esposa **Irene Gil** por sus ideas e inspiraciones en relación a la portada y detalles.

A los escritores **Àngels Campà** y **Manel Saltor** por acceder a la lectura y apoyo incondicional a la presentación de este libro.

Finalmente, un sentido, profundo y especial agradecimiento a **Àlex Rovira** por creer en mí y brindarme su poderoso brazo, consejo y orientación con eterna generosidad. Y del mismo modo, mi agradecimiento a **Gaspar Hernández** quien me brindó un apoyo incondicional y abrió su micrófono de su programa "L'Ofici de Viure"™ de Catalunya Radio™ para que mi voz fuera oída por muchas personas.

A mi Maestro, **Maharishi Mahesh Yogui** por las enseñanzas ancestrales de la meditación y los siddhis que me ha permitido acceder, de manera metódica y sistemática, a la fuente del conocimiento. A **Nand Kishore**, quien me hizo comprender la mecánica de las técnicas avanzadas. A todos los profesores, miembros, siddhas y meditadores de la época de ILNA en Sant Hilari Sacalm, de los que tomé y con los que compartí tanto conocimiento en mis inicios. Para todos ellos mi más profundo respeto, admiración y gratitud.

Siento un profundo agradecimiento por las siguientes fuentes de inspiración sobre la meditación a lo largo de tantos años: a **Tony Nader, PhD** a través de sus conocimientos, enseñanzas y aportaciones sobre la filosofía védica y la fisiología humana; a **Craig Pearson, PhD** por el origen inagotable de referencias sobre investigación en la meditación y los siddhis; a **John S. Hagelin, PhD** por sus enseñanzas sobre la unión de la física cuántica y la conciencia. También a **Joe Dispenza, BSc** por ser la clave reveladora en la resolución de una de mis ecuaciones fundamentales.

Mi agradecimiento a **Sir Roger Penrose** y a **Stephen W. Hawking, OBE** por ser mis mayores fuentes de inspiración y revelación por sus legados y conocimientos sobre la comprensión de la Realidad a través de la física relativista, física cuántica, cosmología, astrofísica, matemáticas, ciencia y consciencia.

A la **Editorial Elsevier** por ser mi mayor fuente inagotable sobre medicina y literatura científica, orientada a mi personal interés sobre el área de neurociencia y biocomportamiento, con la cual he podido acceder a decenas de estudios y artículos científicos sobre neurociencia de la meditación ampliando conocimientos y corroborando resultados.

Muy en especial a mis hijos **Gerard** y **Arnau** quienes dan sentido y significado a mi vida; a su **madre** por cuidar de ellos con total abnegación.

Y a **Silvia**, quien ha sido el motor incansable de apoyo, entusiasmo y fuente de motivación para seguir adelante cada día en este proyecto.

PREFACIO

Liderazgo, talento y meditación: la tecnología de transformación personal del siglo XXI.

En tus manos tienes un libro radical, una obra para el mundo actual. Y en especial, este es un libro para ti. Una conversación entre amigos. Como si estuviéramos sentados en la terraza contemplando el mar o un paisaje de montaña, en un día de primavera, bañados por la cálida luz del sol y una suave, limpia brisa renovadora. Una conversación personal e íntima contigo, para explicarte algo muy importante. Deseo que represente, como lo fue para mí, un antes y un después. Un punto de inflexión en tu vida. El camino de la liberación personal y la autorrealización. El ave fénix de una nueva persona.

Estoy seguro de que la meditación se convertirá en la mayor herramienta de empoderamiento personal del siglo XXI. Llevará al individuo a la conquista definitiva de su libertad y, con ello, la sociedad se transformará en una sociedad más justa, equilibrada, sostenible y más poderosa de lo que nunca ha sido.

En este libro encontrarás reflexiones y las claves sobre algunos de los retos de nuestro mundo actual. Reflexiones sobre el papel del liderazgo y del desarrollo personal, el talento y la cooperación entre nosotros, las organizaciones y la sociedad. Una propuesta para acabar con el sinsentido de la codicia humana.

Compartiré contigo mi experiencia personal sobre el poder de la mirada interior y el camino de la reinvención personal, así como la conquista del éxito a través del dominio de la meditación.

También arrojaré luz sobre el campo neblinoso de la meditación. Navegaremos juntos a través de las aguas confusas sobre esta metodología y esclareceremos qué es y qué no es realmente la meditación. Te detallaré con precisión los enormes beneficios contrastados y constatados de la incorporación de la meditación como práctica regular en nuestra vida cotidiana. Hablaremos de la fuente de la juventud.

Sin duda vivimos un momento apasionante desde el campo de la ciencia: disciplinas como la física cuántica, la neurociencia, la astrofísica, la biología, la informática o la inteligencia artificial, por citar algunas, abren nuestra mente a conocimientos más vastos y expanden nuestra comprensión del Universo. La física cuántica nos ha revelado los misterios de las fuerzas de la Naturaleza y nos ha acercado a una mayor comprensión de la Realidad. Analizaré la meditación desde el filtro y la perspectiva de la nueva física más allá del átomo. Intentaré responder a la pregunta sobre la conexión entre la conciencia, la parte subjetiva de nuestra mente y su relación con la física moderna, la descripción de los fenómenos físicos de la materia y la energía. En definitiva, abordaremos la cuestión de cuál es la conexión entre una perspectiva tan subjetiva como la mente y la conciencia, con una visión tan objetiva, como la descripción que hace de la Realidad la ciencia moderna y, en específico, la mecánica cuántica. Y qué papel juega la meditación en esta danza cósmica de dioses y diosas de la filosofía y la ciencia.

Si bien es fundamental la visión que nos ofrece la física cuántica para comprender de manera objetiva la actividad y experiencia tan subjetiva de la mente, también será clave aportar la visión y comprensión desde el campo de la neurociencia. Te explicaré de manera analítica la meditación y su dinámica desde esta disciplina y te detallaré los elementos más fundamentales de la neurofisiología de la meditación.

Este apartado es complejo y colmado de detalles técnicos, pero puedes leerlo por encima, sin necesidad de devanarte los sesos con los números; igualmente extraerás la esencia del verdadero impacto de la meditación en el cerebro y el porqué de nuestra transformación en la vida cotidiana.

Observarás la transformación humana a través de la meditación. La metamorfosis profunda de nuestro ser íntimo y de nuestra vida. Y el impacto del cambio en nuestro entorno.

Te explicaré cómo la meditación contribuirá a la creación de una nueva era, de la que tú puedes formar parte. Te invitaré a encontrar tu fuente de poder a través de esta metodología.

Al final, tendrás tu oportunidad, te enseñaré el arte y la ciencia de la meditación profunda. Será un primer paso, pero ¡firme!

Espero que, en su conjunto, sea una conversación personal e íntima, que te inspire, y te permita comprender que estás ante las puertas de tu mayor descubrimiento:

TODO EL CONOCIMIENTO RESIDE EN TU INTERIOR.

Tienes las llaves de tu propia libertad. Espero y deseo que, cuando hayas leído este libro, tu siguiente paso sea incorporar la meditación a tu vida. Empodérate y conquista tu libertad. Y sé **FELIZ**.

Sant Martí de Centelles, enero de 2021

CAPÍTULO 1. BREVE REFLEXIÓN SOBRE LOS RETOS DE NUESTRO MUNDO EN EL SIGLO XXI

Todas las crisis mundiales son crisis generadas por el hombre. En los últimos ciento cincuenta años ha habido catorce recesiones económicas[1]. Veamos el listado:

1 **La crisis financiera de 1876** (contracción del 2,1%).
2 **La crisis de la economía global en 1885** (contracción del 0,02%).
3 **La crisis de 1893, conocida también como la Gran Depresión hasta que hubo la otra** (contracción del 0,8%).
4 **La crisis denominada "pánico de 1907", fue la primera crisis financiera mundial del siglo XX** (contracción del 3%).
5 **Crisis de comienzo de la Primera Guerra Mundial 1914** (contracción del 6,7%).
6 **Crisis de la recesión de 1917 a 1921, surgida al final de la Primera Guerra Mundial** (contracción del 4,4%).
7 **Crisis de la Gran Depresión 1930-1932** (contracción del 17,6%).
8 **Crisis de la recesión de 1937** (contracción del 0,5%).
9 **Crisis de la recesión de 1945-1946** (contracción del 15,4%).
10 **Crisis de la recesión de 1973-1975 o también llamada recesión de la década de 1970** (contracción del 0,8%).

11 **Crisis de la recesión de principios de 1980** (contracción del 1,3%).
12 **Crisis de la recesión de principios de la década de 1990** (contracción del 0,3%).
13 **Crisis financiera de 2007-2008** (contracción del 2,9%).
14 **Crisis COVID-19 2020** (contracción estimada del 6,2%*).

*PIB 2020 de la ZE cayó 6.8%-Fusté, A. (2021) ANDBANK

Se podría decir que el ser humano genera una crisis cada diez años aproximadamente. Todas las crisis suponen un retroceso, una recesión económica y social. Pérdida de seguridad y de libertades.

A lo largo de todos estos años, nuestra sociedad ha avanzado en muchos aspectos: acceso a recursos, educación, esperanza de vida, mayor eficiencia energética, menos guerras y mortalidad infantil, y menor dependencia de la energía nuclear.

Sin embargo, en otros aspectos hemos retrocedido: por ejemplo, la deuda global de los estados. El FMI alerta (2020) que esta alcanza y supera por primera vez en la historia de la humanidad el PIB mundial[2]. Las profundas consecuencias que este hecho conlleva pueden suponer un cambio global en: la geopolítica, la economía, la política, las elecciones, la tecnología, la ciencia, el desarrollo, el cambio climático, la biología planetaria, la sociedad, la cultura y todas las actividades sociales. ¿Puede ser que estemos asistiendo a un cambio de orden mundial?

Más factores en los que se ha retrocedido, por ejemplo: la persistencia del desempleo, la desigualdad en nuestra sociedad (ricos y pobres), la huella del impacto ecológico de la humanidad, la reducción masiva de la biodiversidad, el incremento sostenido de las emisiones de efecto invernadero y/o la pérdida de valores democráticos.

También hay aspectos en nuestra sociedad que no cambian o simplemente avanzan muy lentamente. Sería el caso, por ejemplo, de la corrupción en todos los niveles y estructuras de la sociedad. Esto supone una falta de valores éticos. Que se manifiesta, por ejemplo, en la pérdida de libertades individuales y colectivas; el poco avance de las energías renovables versus las no renovables; la inversión en I+D (en España es de 1.2% PIB, la 14ª posición de la UE)[3]; o en la protección de la salud, con una ratio de médicos por habitante insuficiente.

Estos escenarios plantean retos difíciles, pero sobre todo urgentes. Cuando se reflexiona sobre las causas profundas del estado de nuestro mundo, este tiene que ver con nuestra aproximación a la vida. Nuestra relación entre lo que damos y lo que tomamos. Entre dos fuerzas fundamentales: **la codicia** y **la generosidad**.

Nuestra capacidad para ser generosos: bondad, humanidad, altruismo, ayuda desinteresada, dignidad, abnegación, nobleza, filantropía, beneficencia. Valores fundamentales de construcción y soporte de vida en expansión. Todo ello se enfrenta a nuestra capacidad de ser codiciosos: avaricia, ambición desmesurada, deseo incontenido, explotación irracional, intimidad posesiva, afán, usura, miseria, ruindad. Elementos que nos llevan a la desolación y a los conflictos más destructivos.

El verdadero reto es el equilibrio entre dos fuerzas fundamentales de la naturaleza: la **evolución sostenible** y el **conflicto/desolación**. Ambas fuerzas residen en la naturaleza humana, así como residen en todo el universo. La opción reside en que tenemos la capacidad, el potencial de dominarlas y gobernar nuestro destino. La fuerza que predomine definirá el destino de nuestra especie y, con ello, el del planeta.

Esto nos lleva a una consideración muy interesante, y fundamental: la gran crisis que padece nuestra sociedad es la falta de liderazgo consciente a todos los niveles y estructuras organizativas.

Asistimos a una verdadera "muerte de los líderes". Basta con dar una ojeada a la lista de líderes políticos mundiales. Tómate un par de minutos para escoger y repasar cuatro de las economías más poderosas del planeta -G20-[4] (es probable que aparezcan algunas de esas caras en la mente) y pregúntate a ti mismo lo que ves y sientes. Lo dejo aquí, en silencio, como reflexión personal.

La falta de conciencia en el liderazgo político se refleja en las instituciones más altas de un país o de un estado. Lleva a sus miembros a actuar con abuso de poder y la imposición por la autoridad. Esta manera de hacer conduce a la esclavitud y a la servidumbre de la sociedad. La codicia se impone.

Los errores en la toma de decisiones se acumulan, y se encadenan más colapsos en nuestra biosfera. Desertización, contaminación, extinción de especies, cambio climático, desigualdades en el reparto de la riqueza, presión fiscal, dependencia de energías no renovables, reciclaje insuficiente, concentración de sistemas productivos, ganadería y cultivos intensivos, explotación, apropiación de recursos ajenos, guerras que surgen del colapso de la razón, la codicia del poder, éxodos masivos y el hundimiento final.

¿Cómo podemos cambiar esta dinámica? Talento, voluntad y acción por parte de la sociedad. Esto va suponer un cambio de conciencia y una reformulación del liderazgo.

Debería ser escrito en piedra: LIDERAZGO CONSCIENTE.

Nuestra esperanza pasa por colocar donde precisen a líderes auténticos y comprometidos. Capaces de vertebrar las políticas que den apoyo a una evolución sostenible y aplacar con determinación la avaricia irrefrenable e irracional que destruye al planeta.

Superar la codicia pasa por crear una onda de fuerza superior de generosidad. Lo conseguiremos si la mayoría de la sociedad se transforma en una sociedad consciente en donde cada uno de nosotros sea líder consciente en su espacio y tiempo. Es una probabilidad viable, y depende de nosotros.

Carta de madrugada

Barcelona, octubre del 2013

Sobre la muerte del líder y la búsqueda de la vida interior

.../...

Es sorprendente que la búsqueda de nuestro interior transforme nuestra vida, en especial cuando lo ponemos todo en perspectiva, como un simple acto de silencio profundo sostenido en un tiempo limitado y regular: da como resultado una fuerte mejora global de indicadores en nuestra vida, como lo son el potencial mental, la salud, el comportamiento social y la calidad de vida.

Estamos asistiendo a un verdadero cambio y ruptura de paradigmas que han prevalecido fuertemente en nuestra sociedad y han regido nuestras vidas. Este cambio viene como una oleada imparable, pero completamente necesaria. El liderazgo en nuestra sociedad está agonizando. Lo podemos observar diariamente, es casi patético el comportamiento de los líderes en lugares relevantes de nuestra sociedad por todas partes. En el entorno político, gobierno, instituciones, organizaciones de cualquier índole, en las empresas.... La falta de visión, perspectiva, calma, generosidad, empatía, soluciones creativas, talento, etc.., queda palpable y da como resultado una incapacidad de hacer frente a los retos que plantea nuestra sociedad. El camino más empleado es un camino de propósitos ocultos, manipulaciones, objetivos propios o personales, intereses de centros de poder social, financiero, económico y de oligarquías establecidas en un excesivo e innecesario suprabienestar a costa de la mayoría de la sociedad. La frustración social se incrementa, no tanto por la falta de respuestas a tiempo, sino por la toma de conciencia de estos hechos, estos estatus, insostenibles, enfermizos y la fuerte y urgente necesidad de cambio. Creo que todos nosotros estamos contribuyendo a que se realice este despertar de la conciencia dentro de la sociedad desde nuestro silencio, cuando meditamos.

Salimos de la meditación con una mente más clara y limpia, con más conciencia y con actitudes transformadas, comprensión más amplia y acciones más coherentes. Influimos en la sociedad desde el silencio, pero también desde la actividad, y ayudamos a este despertar social, que a todas luces va por delante de nuestros líderes, quienes, con mentes ofuscadas, no ven la necesidad de romper paradigmas y cambiar la sociedad de acuerdo a las demandas, o, dicho de otra forma, dar respuesta útil a nuestras peticiones. Se dice "la muerte del líder" en entornos ejecutivos. La gran revolución de nuestro tiempo es y surge desde el "silencio", y nosotros somos parte activa.

Notas:

1 Redacción (07/07/2020) "Las 14 recesiones de los últimos 150 años (y por qué la del coronavirus sería la cuarta peor)" BBC News Mundo. S-p. Recuperado de https://www.bbc.com/mundo/noticias-53303499

2 Portillo, J. (14/10/2020) "El FMI alerta de que la deuda global iguala por primera vez al tamaño de la economía mundial" El País Economía/Cinco Día. S-p.

Recuperado de https://cincodias.elpais.com/cincodias/2020/10/14/economia/1602675157_717075.html

3 Nota de Prensa (27/11/2020) "Estadísticas sobre actividades I+D. Año 2019" INE Instituto Nacional de Estadística. S-p.

Recuperado de: https://www.ine.es/dyngs/INEbase/es/operacion.htm?c=Estadistica_C&cid=1254736176754&menu=ultiDatos&idp=1254735576669

4 Redacción (18/06/2019) "Cumbre del G20 2019: qué es el Grupo de los 20, el mayor espacio de deliberación política y económica del mundo (y por qué genera controversia)" BBC News Mund. S-p.

Recuperado de https://www.bbc.com/mundo/noticias-internacional-48751686

CAPÍTULO 2. EL NUEVO PARADIGMA DEL LIDERAZGO (CONSCIENTE)

Tengo una profunda convicción de que el futuro del cambio en nuestro planeta vendrá de la mano de líderes científicos y empresarios, no de políticos. Un nuevo liderazgo debe emerger. Un liderazgo focalizado en la conciencia.

A finales de los años ochenta y principios de los noventa, se lanzó en Europa el modelo de excelencia EFQM (European Foundation Quality Management)[1] con el objetivo de crear un marco de buenas prácticas para la mejora de los modelos organizativos y ayudar a las empresas a ser más competitivas y hacer frente, en aquel momento, a los modelos de producción de Estados Unidos y Japón. Un sistema de autoevaluación y mejora continuada para conducir a las empresas, independientemente de su tamaño, al éxito. Una mirada interior crítica para resurgir y potenciar el camino hacia la excelencia.

Cuando se observa el modelo EFQM (fig.1), en él se reflejan ocho conceptos fundamentales. Son elementos claves de gestión que se considera que conducen al éxito[2].

El 80% del éxito de una organización depende del 20% de factores: las **personas** y el **liderazgo**. ¿Te parece poco? Este porcentaje está en la base de la definición de lo que hacemos y cómo lo hacemos.

Figura 1: esquema del modelo EFQM. Se resalta la importancia del liderazgo y las personas.

Si bien el modelo EFQM se pensó para conducir las organizaciones empresariales, identificar los vacíos, las ineficiencias que incrementan los niveles de entropía[3] y conducir, a través de la mejora continua y la innovación, a un modelo de actuación de excelencia y al éxito, también podemos aplicarlo, de manera conceptual, a nuestra escala más cercana y personal. Es una mirada interior de autoevaluación y mejora continua.

Así, personas y liderazgo son elementos claves, fundamentales para el éxito en las organizaciones. Dos dimensiones profundamente conectadas.

Hablemos de liderazgo. ¿Jefe o líder?

El liderazgo está relacionado con la persona y afecta a las organizaciones. No es lo mismo ser un jefe que un líder: el jefe manda el líder dirige. El liderazgo está relacionado con el talento y con el éxito. La autoridad que ejerce el jefe está relacionada con la imposición, el uso de la fuerza y el miedo. El liderazgo está relacionado con la capacidad de persuadir, de conducir a otras personas en un proceso que permitirá alcanzar un determinado objetivo, meta o propósito. Personas y organizaciones siguen líneas paralelas.

¿Tenemos claros los objetivos, metas y propósitos en nuestra vida? Puede que sonrías. La mayoría de las personas no se lo plantea. Simplemente, se levantan y siguen con su rutina, con su inercia diaria sin ni siquiera cuestionarse si aquello que oyen y hacen es coherente con sus valores y propósitos en la vida. ¿Cuál será tu legado? ¿Qué sentido tiene para ti vivir? ¿Cuál es tu posición y función en el orden de las cosas? ¿Eres de los que persigues el dinero? ¿Persigues tu felicidad? ¿Cuáles son tus objetivos? ¿Sabes quién quieres ser?

El problema, tanto en las organizaciones como en nuestra vida personal, es la "alta ratio de fallo en generar un cambio"[4], una transformación vital. Introducimos cambios y mejoras para responder a nuestras expectativas. Cuando estas no se cumplen, introducimos nuevas propuestas o nuevos retos. Cuando estos tampoco se cumplen, entramos en un ciclo repetitivo que nos lleva a la frustración. En las organizaciones, el sentimiento de la frustración es muy dañino, pues afecta a la autoconfianza y credibilidad de sus gestores; y contribuye, de manera directa, a generar un comportamiento cínico de una parte de sus colaboradores.

La demanda del liderazgo tiene que ver con la gestión de los recursos y saber qué hacer con ellos. ¿Conoces tus capacidades? ¿Conoces tu potencial?

Un líder debe ser competente en su espacio y tiempo. Esto significa que debe tener un fuerte sentido de responsabilidad para consigo mismo y para con toda la organización. Debe ser capaz de definir de manera clara las metas y objetivos. Y, por último, debe poseer capacidad de influencia.

Es lamentable, pero en nuestra sociedad asistimos a un fenómeno mundial: "La Muerte de los Líderes". Acontece tanto en las empresas como en instituciones. Liderar proyectos y gestionar personas a la vez, suele ser un gran y grave error. El estilo autocrático imperante en las estructuras de la sociedad- empresas, instituciones (incluyendo los gobiernos de los estados), organizaciones de todo tipo (político, militares, jurídicos, de comunicación)- se descubre como el modelo menos efectivo. Vivimos en un entorno de cambio acelerado que incrementa las expectativas sobre los líderes a corto plazo. El resultado son los altos niveles de estrés y ansiedad que, sostenidos en el tiempo, conducen, casi siempre, a una incapacidad temporal[5]; a veces, con resultados desastrosos y definitivos. Es algo que observamos en nuestra vida cotidiana y que erróneamente hemos normalizado. Líder es y somos cada uno de nosotros en nuestro espacio y tiempo.

Desde un punto de vista general, podemos decir de manera elocuente que tenemos acceso a una muy buena formación: escuelas, institutos, universidades y centros de capacitación de negocios. La formación ha sido, es y será nuestro mayor bien; una fuente inagotable de recursos. Sin embargo, vemos que, a pesar de estar bien preparados, seguimos asistiendo a altos niveles de fracaso en la obtención de resultados.

En mi larga trayectoria profesional en entornos directivos (incluso en alta dirección), he podido observar y me he encontrado en situaciones en las que personas adultas bien preparadas y con experiencia han tenido actuaciones nefastas, y han puesto en peligro equipos y organizaciones. He escuchado a empresarios decir: "*como no despida a esta persona, me hundirá la empresa*". He visto y asistido a consejos de dirección que más bien parecían patios de colegio. Pero también he visto personas enteras y responsables con nivel de liderazgo.

Entonces, ¿a qué se debe esta alta ratio de fracaso en la consecución de expectativas?

Hay un elemento fundamental que por su complejidad se suele obviar. La madurez psicológica de la persona.

No es una cuestión de edad. La relación que existe entre dos dimensiones fundamentales, la preocupación por las personas y los niveles de rendimiento/productividad, determinan tanto nuestro punto de partida y/o estado, como nuestros objetivos ideales. Existe una oportunidad real de mejora. Aunque compleja.

El modelo formativo actual suele ser muy efectivo en el desarrollo de habilidades técnicas, pero adolece de la falta de herramientas para producir e incrementar la madurez psicológica de los individuos a corto plazo.

El rendimiento depende del nivel de desarrollo integral del individuo. Las organizaciones deben vigilar y promover el desarrollo integral de sus miembros. Muchas organizaciones se han dado cuenta de ello y han empezado a invertir. Un grave error es intentar alcanzar la "perfección"[6], simplemente, porque para conseguirlo, los recursos tienden a infinito. La verdadera opción está en la oportunidad de mejora continua. Identificar nuestro punto de partida y proponernos un reto específico definido y calibrado, como un "estado ideal" a alcanzar.

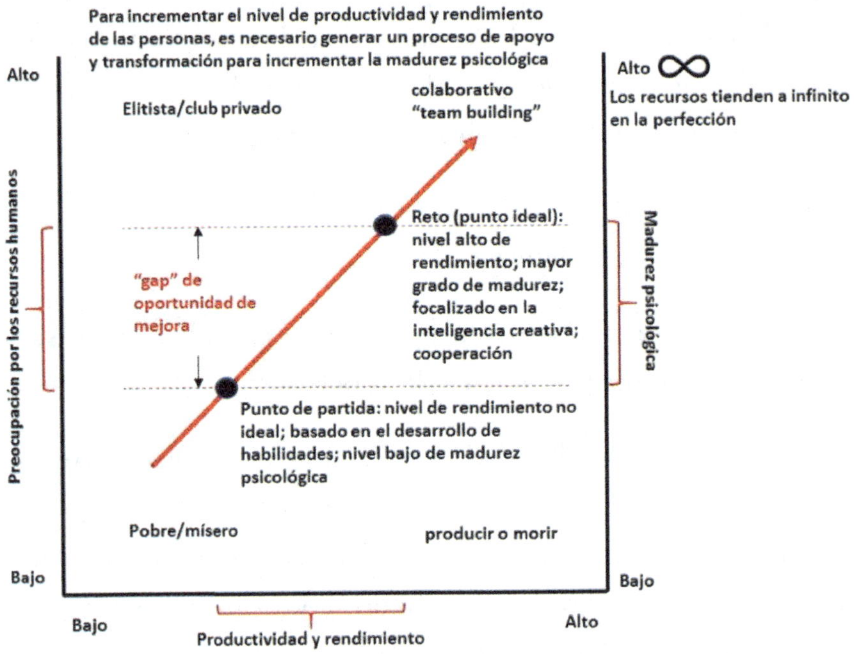

Figura 2: modelo complejo de identificación de oportunidad de mejora. Relaciona la productividad y el rendimiento con nivel de preocupación de los recursos humanos en las organizaciones y el nivel de madurez psicológica.

Hace un tiempo, un círculo privado muy conocido en Barcelona me invitó a dar una charla sobre "Meditación y Liderazgo" durante una comida. En el *hall*, mientras esperábamos, se formaban grupos de personas que entablaban animadas conversaciones abiertas. Me acerqué a uno de los grupos y alcancé a escuchar una conversación en la que se hablaba sobre la posesión de recursos naturales, como el petróleo de países nórdicos, y se comparaba con España, que adolece de la falta de este tipo de recursos. Durante la charla que di, apunté mi visión:

"¿Cuál es el gran recurso en nuestra vida personal? ¿Cuál es el gran recurso que posee una nación, país o estado? El talento"

El talento es la solución innovadora para solucionar toda crisis. El talento individual y colectivo; la suma de talentos. El rendimiento depende del nivel de desarrollo individual y del equipo, del talento del líder y de su equipo.

El talento conduce al éxito. Un nuevo líder surge: emerge para potenciarse a sí mismo y a los miembros de su equipo. El trabajo en equipo depende de la confianza, de confiar en los demás.

Cuando uno reflexiona, se da cuenta de que los valores, la creatividad y la innovación conducen a las personas y sus organizaciones a la excelencia. Para cada uno de nosotros descubrir nuestros talentos y el hecho de ser capaz de usarlos da sentido a nuestra vida. Como dice Richard Barrett: "*Los valores no solo nos conectan, sino que nos focalizan en un objetivo común*"[7].

Conocer, identificar nuestros valores es un acto consciente, fundamental, de autoconocimiento. Vivir de manera íntegra depende de nuestros valores: modelan nuestra toma de decisiones; nos dirigen de manera eficaz y eficiente a lo que es realmente importante.

Los valores fundamentales que conducen a una sociedad al éxito incluyen la honestidad, la verdad, la transparencia y el respeto; la sensibilidad que conduce a la empatía y a la compasión serena y activa; la gratitud por cada gesto de apoyo sin esperar nada a cambio; la humildad que nos lleva a la aceptación de hechos y la oportunidad de aprender y crecer; la prudencia calibrada para saber evaluar las situaciones con criterio y sin prejuicios; el sentimiento de responsabilidad con cada uno de nosotros, con el prójimo, con el entorno y el planeta.

Los valores nos conectan y focalizan:

Valores + Liderazgo = Fuerza

En el pasado (incluso en la actualidad sucede), la especialización, en las organizaciones productivas, promovía a personas a niveles de mayor responsabilidad. Surgían como el líder del grupo debido a su mayor conocimiento sobre el tema. Más adelante se estableció la dirección por la planificación de objetivos estratégicos. Sin embargo, este simple hecho conllevó una manera de operar del "*todo vale*" con el único fin de conseguir el objetivo. No se tenía en cuenta el coste. El valor estaba en "*vender a cualquier precio o coste*". Esto llevó a muchas organizaciones a causar insatisfacción de sus clientes. En la medida en que se reflexiona sobre este hecho, surgió la necesidad de operar con valores: sinceridad, transparencia, empatía, servicio sincero y desinteresado, preocupación por el bien común… Tener objetivos era fundamental, pero debían conseguirse con valores. Muchos de estos decálogos de valores han acabado en marcos colgados en la pared de la entrada de las empresas y/o en área corporativa de las páginas web de las empresas. ¿Ha habido una verdadera internalización de los valores como superconductores de nuestra manera de ver y operar? ¿Con qué valores se sustenta nuestra manera de aproximarnos a la vida y de comportarnos?

El nuevo paradigma del liderazgo no solo implica incluir en la fórmula los valores, sino que estos deben de ser conscientes y fuertemente internalizados.

VALORES CONSCIENTES.

Conciencia x [Valores + Liderazgo] = PODER

Sin embargo, el liderazgo consciente va más allá de la integración de los valores.

Conciencia significa algo más, una verdadera conexión del líder con las Leyes de la Naturaleza. Simplemente, porque los valores emergen de la Conciencia y se basan en la Ley Natural.

Las nuevas estrategias para el desarrollo del liderazgo se basarán en el liderazgo consciente, que hará emerger la gestión invencible a través de las confluencias de disciplinas. La invencibilidad está en la base de la naturaleza. Es una de sus características fundamentales. La invencibilidad significa garantía de éxito: consecución de resultados sin fallo, ni efectos no deseados, ni pérdida de tiempo ni energía.

La consecución de un ideal tan holístico ¿es inalcanzable? ¿Comprendemos el infinito poder organizador de la naturaleza? Podemos acceder a él y usarlo.

La física moderna revela que la creación está estructurada por capas que van desde lo más concreto y diversificado a lo más sutil, integrado y poderoso. Estas capas cubren todo el dominio, desde la física clásica de los objetos interaccionando mecánicamente a los campos moleculares y de estructuras atómicas, para alcanzar niveles más profundos de la mecánica cuántica y, en último estadio, el campo unificado.

Un campo se define como un todo que penetra e influye en el comportamiento de los componentes que lo constituyen. El Campo Unificado se considera el origen del universo físico visible y no visible con todos sus componentes concretos, aunque en sí mismo es no físico y, a su vez, omnipresente.

Un incremento de poder se encuentra de una manera progresiva en niveles más sutiles de la estructura la naturaleza.

La Física Cuántica explora el campo unificado. Los modelos psicológicos que se describen en la conciencia universal han sido explorados y descritos bajo una aproximación subjetiva en la filosofía védica[9] en general y más en concreto en una de sus disciplinas: el Rāja Yoga de Patañjali o Yoga Mental Profundo.

La Conciencia Universal (también conocida como Conciencia Trascendental o Conciencia Pura) se ha descrito en términos idénticos con al Campo Unificado: una realidad trascendental o conciencia universal es el nivel más fundamental de la subjetividad individual y al mismo tiempo es la fuente y la base del mundo material que percibimos.

A un nivel superficial nuestra experiencia cotidiana es de separación. Pero a medida que desarrollamos la habilidad de llevar nuestra mente consciente a niveles más profundos, la sensación de separabilidad se reduce hasta alcanzar el colapso de la singularidad del espacio-tiempo. A ese nivel, nuestra mente se identifica con el nivel del Campo Unificado de las leyes de la naturaleza dentro de nuestra propia fisiología. El Campo Profundo de la mente se funde con la conciencia. Accedemos a la fuente del pensamiento.

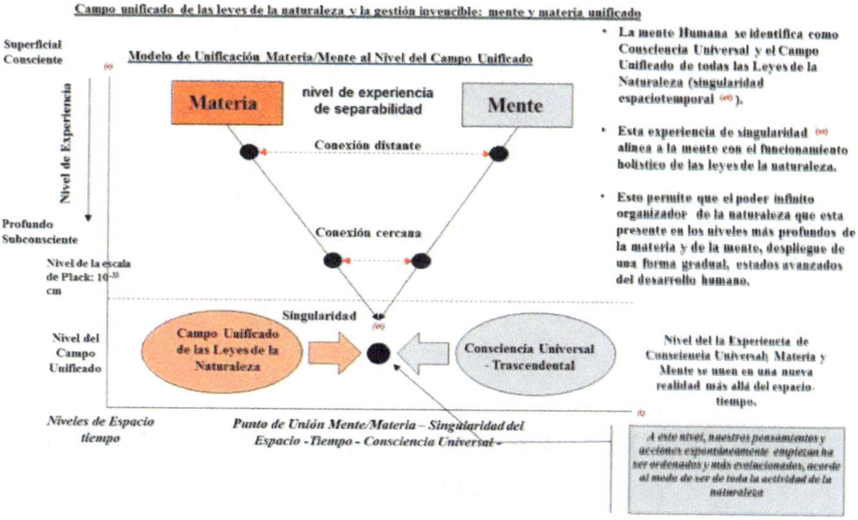

Figura 3: modelo de unificación materia y mente (cuerpo mente)

Necesitamos entrenarnos para utilizar los principios naturales de la mejor manera posible. La práctica del liderazgo consciente refleja el uso total del potencial mental, alineado con las más profundas y poderosas capas de energía del poder organizador de la Ley Natural.

Alineando la gestión inteligente de los directivos con la gestión inteligente del cosmos, llegamos al Objetivo. El Objetivo sería traer y enriquecer, con el soporte de la Ley Natural, cada aspecto de la gestión, nutriendo y apoyando la evolución en cada área de toda la gama integral de preocupaciones de los empresarios, directivos, gerentes, hombres de empresa, líderes políticos, hombres de estado y también de sus colaboradores, de modo que se pueda disfrutar del constante crecimiento con independencia de la organización de la que forman parte.

Este apoyo de la Ley Natural se concreta en un estado donde, en virtud a un alto desarrollo de fuerza mental y armonía con las leyes de la naturaleza, el manager encuentra que sus pensamientos se materializan sin esfuerzo y de una forma natural.

No se trata de un resultado de éxito fortuito, sino que es el resultado espontáneo del desarrollo de la conciencia y de la acción en armonía con la Ley Natural.

EL NUEVO LÍDER DEBE SER CONSCIENTE Y CONECTADO.

Es alguien que opera en comunión con la Ley Natural. Como dejó escrito el mismo Leonardo da Vinci, en sus cuadernos de notas:

> *"Comunícate con la naturaleza"*
>
> *"Aquellos que toman por estandarte todo lo que no sea la Naturaleza, la dueña de todos los maestros, se fatigan en vano"*[8].

Sin duda Leonardo era un hombre conectado. Veía la inteligencia creativa de la naturaleza en cada cosa. En su interior. Era un líder consciente en su tiempo y espacio.

¿Quieres dar ese salto? ¿Quieres ser tú un líder de categoría superior?

El nuevo liderazgo no se basa únicamente en valores conscientes e internalizados: el nuevo líder irá más lejos, a la profunda conexión con la naturaleza. La base y la fuente del poder.

Carta de madrugada

Barcelona, octubre del 2013

Necesitamos líderes que practiquen la meditación

.../...

El cambio en nuestra vida es más que necesario, ¡es vital! La falta de líderes, la muerte del liderazgo es un drama de la sociedad y un clamor el disponer de líderes que se proyecten desde la nueva configuración de escala de valores; una conexión con los intereses de la sociedad, una ética fundamental que dirija los pensamientos y las acciones. La imagen actual de los líderes es frustrante, muy alejada de la sociedad y centrada en intereses personales y de las élites, es decir, en ellos mismos, autoprotegiéndose, viendo la crisis día a día a distancia a la vez que cobrando nóminas de valores exagerados y sin ningún sacrificio.

Mientras que la sociedad hace el cambio hacia una nueva sociedad sostenible y justa para todos, nos encontramos líderes inmovilistas..., incapaces de seguir el impulso auténtico de nuestra sociedad. Son como huérfanos. Por otro lado, el creciente impulso silencioso de cambio es tan fuerte, que tarde o temprano acabará por dar resultados. Siempre es cuestión de mantener la atención en la dirección y tener la paciencia para dejar que esta energía se materialice. También hay organizaciones que han empezado a entender que la productividad y el rendimiento dependen o son directamente proporcionales al crecimiento personal, desde el cual surge el talento. Un proceso de madurez psicológico. La práctica de la meditación consigue cambios y mejoras notables. Pero el éxito requiere de un tiempo mínimo de práctica. Un tiempo óptimo ronda entre los 1.120 minutos a los 2.240 minutos en un periodo de dos meses para conseguir cambios y mejoras. Llevado esto al día a día, es el equivalente a 40 minutos de meditación en el caso óptimo, siendo el mínimo de 20 minutos al día. Con la práctica regular se desarrolla la habilidad, el cerebro construye nuevas conexiones y la mente consciente se abre al campo profundo de la conciencia y empieza el desdoblamiento de una nueva persona. Si queremos líderes que den respuestas, necesitamos líderes que mediten. Y estos llegan porque en la medida que nosotros lo estamos haciendo estamos creando las condiciones para generar estos líderes que den respuestas a las necesidades de una nueva sociedad. Hemos de mantener desde nuestro silencio diario este impulso imparable de transformación.

Notas:

1 Fundación Europea para la Gestión de la Calidad. EFQM son sus siglas en inglés (European Foundation Quality Management). Es una fundación sin ánimo de lucro con sede en Bruselas, establecida en 1989 para aumentar la competitividad de la economía europea. La fundación se formó en 1989, con 67 miembros.

2 EFQM ORG. "Fundamental Concepts", dentro de *EFQM MODEL*. Consultado el 15 enero 2020.

Recuperado de http://www.efqm.org/efqm-model/fundamental-concepts

3 "Entropía en la empresa" es la suma de todas las ineficiencias que se producen en una empresa u organización. El grado de desorden en la organización hace necesario que todos los recursos trabajen coordinados. Se refiere tanto a aspectos formales de procesos y procedimientos, sistemas de información y Recursos Humanos, como no formales como cultura, clima, Gestión de conflictos, toma de decisiones, comunicación, trabajo en equipo, empatía, competencias, gestión de errores. Para combatir la entropía se necesita apostar por las personas y el liderazgo.

4. Anand, N. y Barsoux, Jean-Louis (2017) "Leadership development. What everyone gets wrong about change management". *Harvard Business Review*. Noviembre-Diciembre de 2017. Pp. 78-85.

Recuperado de

https://hbr.org/2017/11/what-everyone-gets-wrong-about-change-management?language=es

5 Según datos del INI (que no incluye autónomos), 5.9 Millones de personas han cursado incapacidad laboral en España durante el periodo de enero a octubre de 2020.

6. El término "perfección" se refiere al nivel de error cero. Se estima que los recursos que se necesitan para generar error cero en una organización tienden a infinito. Es más importante y útil definir un punto de mejora cualitativo y cuantitativo específico y objetivo distinto del "error cero".

7. Barrett, Richard (2012) "Values, Culture & Consciousness", *4th Conscious Capitalism Annual Conference, 4.*

Recuperado de https://www.youtube.com/watch?v=Z66__YVDoVw

8. Smith, Daniel (2015) "How To Think Like da Vinci" Cita traducida al inglés de las notas de Leonardo Da Vinci. (Eds) Great Britain, London: Micheal O'Mara Books Limited, pág. 6.

9 Filosofia Védica: Los Vedas. La filosofía india se basa en las enseñanzas de los Vedas, una abundante y antigua colección de libros sagrados, escritos en prosa y en verso, recopilados según la tradición por el sabio Vyāsa. La literatura védica es sumamente vasta, aun cuando muchos de sus textos se hayan perdido con el paso de los siglos.

Recuperdado de: https://www.philosophica.info/voces/filosofia_india/Filosofia_India.html

CAPÍTULO 3. EL CAMINO DEL ÉXITO: EL PODER DE LA MIRADA INTERIOR

Me considero una persona con suerte en mi vida, tanto a nivel personal como profesional.

Mi carrera profesional empieza a inicios de los años noventa. Entré a trabajar en Andersen Consulting (AC)[1], una de las mayores empresas de consultoría en España y de las más importantes del mundo. Inicialmente, en los tres primeros años, estaba incorporado en una división de ingeniería aplicada. Implantábamos sistemas denominados CAD/CAE/CAM: herramientas de software de diseño, análisis y fabricación asistido por ordenador para el sector industrial de producción discreta, automoción, aeronáutica y centros de investigación. Más adelante, me incorporé a la división de software de la empresa en posición de responsable de actividades de marketing y apoyo a ventas.

Por aquella época, empecé mi diplomatura en dirección de marketing en una escuela de negocios muy conocida, EADA[2], en Barcelona.

Durante mi diplomatura recibí una oferta de Xerox Corporation[3] para incorporarme a la división de productos para la ingeniería (XES): sistemas de copiado e impresión para las áreas de ingeniería. Me incorporé a la oficina central en Madrid como director de marketing. Fue un trabajo que realicé durante dos años. Luego apareció una oportunidad en la vida: competí para una posición internacional y la gané. Me incorporé al equipo de marketing en la central de Rochester (Nueva York) como uno de los veintisiete directores de marketing con responsabilidad mundial. Un *assignment* internacional de dos años. ¡Fue una época apasionante!

Tuve mucho reconocimiento, durante mi época en AC y en especial en XES. Aprovecho estas líneas para mostrar mi más sincero agradecimiento a estas organizaciones, y en especial a todas las personas con las que trabajé y colaboré, que tengo bien presentes en la memoria. Personas que creyeron en mí y me ofrecieron una oportunidad. Pero hay más personas, también antes y después, que fueron y son referentes en mi vida profesional, que también me dieron su apoyo, amistad y oportunidades. Para ellos también mi agradecimiento más profundo.

No puedo menos que aprovechar estas líneas para dedicar un sentido recuerdo y memoria a quien fue, en aquel tiempo en Madrid, mi jefe de marketing europeo en XES, Mr. John B. Cahill, que pereció en el atentado del 11 de septiembre de 2001. Iba en el segundo avión que impactó en las torres gemelas. Siempre te recordaré John … D.E.P. en la Luz.

Pasado ese tiempo en EUA, decidí volver a Barcelona con la decisión de progresar en el área de dirección general. Fue un trabajo que realicé en dos grandes etapas. Inicialmente, llevé la dirección general de una empresa de consultoría e implantación de software para la planificación de la cadena de suministros - se conoce por las siglas en ingles de SCM (supply chain management)[4]. La segunda etapa fue en la dirección general, en una empresa propiedad de las cámaras de comercio del Estado español y físicamente en su sede en la Cámara de Comercio de

Barcelona[5]. Es un trabajo que realicé hasta enero del 2014 y que dejé voluntariamente para fundar Executive Meditation[6].

Desde mi perspectiva personal, es una historia profesional "corriente". Buenos trabajos, interesantes y enriquecedores, con una cierta posición y bien remunerados. Lo valoro mucho, sobre todo porque me ha permitido cumplir con parte de mi proceso de madurez psicológica y llegar adonde ahora estoy.

Pero lo que es realmente significativo e importante es el hecho de que antes de toda esta carrera, trabajaba de peón (de mono azul) en una fábrica de muebles y productos de decoración en mi pueblo[7] (Sant Hilari Sacalm, en la provincia de Girona). En realidad, todo este "éxito" profesional ha sido realizado sin títulos universitarios, ni educación previa de bachillerato superior[8].

Mis orígenes son muy humildes. Aunque mis padres me querían mucho, mi familia cercana tenía una escala de valores egoístas, codiciosos, tacaños, indiferentes e insensibles. Mis padres y yo lo pagamos muy caro, especialmente ellos[9].

Me veía a mí mismo como un chico de pueblo, sin una formación adecuada para perseguir sus sueños, ni recursos económicos para salir del agujero. Sentí que vislumbraba un futuro colmado de nubarrones: falta de perspectiva, orientación y sin saber qué hacer.

Fue una época de muchos errores personales y de toma de decisiones equivocadas. En muchos sentidos, me sentía perdido. Al final de un periodo turbulento y sin norte, que duró unos tres años, con dieciocho años, mi vida parecía tocar fondo.

Un día iba en moto de manera acelerada, cuando de pronto sentí la necesidad de parar y me senté en un banco de una calle céntrica de mi pueblo a pensar. Estuve dos horas en aquel banco. El sol primaveral me calentaba suavemente la cara, mientras las idas y venidas de una mansa brisa de montaña me acariciaba. Todavía recuerdo aquella sensación. Estuve pensando sobre el sentido de todo. Preguntándome y reflexionando sobre por qué mi vida no era satisfactoria. Por qué había gente a quien las cosas les iban tan bien (a mi juicio) y otras sufrían tanto. Qué sentido y qué significado tiene la vida. No encontré la respuesta a mis preguntas. Pero aquel día pasó algo importante, un *awakening*: pensé que tal vez los problemas y las soluciones en la vida comienzan y terminan con uno mismo. En aquella época, en ese espacio tiempo, apareció la meditación. Porque la meditación es la capacidad que tenemos de dirigir nuestra atención hacia dentro, aquella mirada interior. Descubrir nuestra verdadera realidad. El talento profundo que tiene cada persona, porque somos expresiones únicas de la naturaleza. Las mismas leyes de la naturaleza que gobierna tu vida son las leyes que gobiernan todo el "tinglado": tú, yo, la vida en el planeta, el planeta, el sistema solar, la galaxia, el universo entero.

Aquello fue, una mirada interior auténtica. Lo cambió todo.

La meditación cambió mi mente. La calmó y me permitió liberarme del pasado y del futuro. Me centré en el Ahora. Generó una poderosa claridad mental.

Ahí empezó la toma de decisiones. En cinco años estaría trabajando en Andersen Consulting.

¿Cómo encontré la meditación? Comprendo que te hagas esta pregunta.

Tal vez fuese un simple golpe de suerte, una anécdota imposible de imaginar, el karma o mi propia creación mental. El caso es, que cada vez que miraba hacia un lado, la meditación aparecía delante de mí.

Por aquel entonces, después del trabajo en la fábrica de muebles, una vez por semana asistía a unas clases particulares de inglés con otras personas. Allí me encontré con una chica que hacía años que no veía. Todo lo que recordaba de ella era que no me gustaba. Pero cuando nos volvimos a encontrar en aquellas clases, quedé impresionado por su transformación. Era simplemente otra persona, y además la encontré muy atractiva. Un día, en mi trabajo, a un compañero joven que también asistía a las clases le hice el comentario sobre esa chica y le dije que me parecía interesante… Al instante, él me respondió: "*¿Carmen? Está loca*". Le pregunté por qué pensaba así. Me dijo: "*Verás: hace cosas muy raras, dice que hace ¡meditación!*". Comprendí inmediatamente que debía hablar con ella. Después de una de las clases de inglés la abordé y al salir le pregunté si podíamos hablar de la meditación. Me dijo que sí y quedamos, como se solía hacer en aquellos tiempos, el sábado en la discoteca. Nos encontramos y hablamos. Me dijo que me presentaría a Judith, su profesora. Y lo hizo.

La conocí a inicios de diciembre del 1982. Me dedicó un par de horas y me habló de la meditación. Fue muy amable, esforzándose en explicarme los beneficios técnicos de la meditación, pero no estoy seguro de que me convenciera de nada, no porque ella no supiera hacerlo, sino porque yo estaba en otra onda…digamos más espiritual. Así que su discurso no me resonó. Sin embargo, accedí a hacer un curso e invertir unos ahorros. Le dije que sí, porque sinceramente me parecía descortés decirle simplemente que no me interesaba después de que me hubiera dedicado su tiempo y atención. Pensé que algo aprendería. Acordamos empezar el curso a finales de mes, durante mis vacaciones de Navidad.

Unos días antes del encuentro con Judith, de vuelta del trabajo, al llegar a casa, me encontré un libro en la mesa del escritorio de mi habitación. Lo había comprado mi madre. Le pregunte qué era ese libro. Mi madre no solía comprarme libros, me los compraba yo. Así que para mí era un hecho más bien raro. Me explicó que al pasar por delante del escaparate de la librería del pueblo y se detuvo a mirar, vio el libro, leyó su título y pensó en mí. Sin dudar ni saber por qué, sintió un impulso incontenible de comprármelo. Me dijo, "*la verdad, hijo, es que no sé de qué va*", y se fue a la cocina. El libro era *La Ciencia del Ser y el Arte de Vivir*, de Maharishi Mahesh Yogi[10]. Empecé a leer el libro, pero cuanto más avanzaba, menos entendía, hasta que, al final, lo dejé a medias.

Por entonces ya sabía que el libro estaba relacionado con Judith. Ella era profesora de Meditación Trascendental (MT). Judith no era originaria de Sant Hilari Sacalm. Pertenecía a un grupo de gente que se habían establecido en el pueblo desde hacía más o menos un año. Alquilaron un antiguo y enorme hotel restaurante de lujo, el Solterra, cerrado desde hacía años. Era una reliquia de otras épocas, tiempos de opulencia del pasado, donde la burguesía barcelonesa se alojaba durante las vacaciones de verano, en la llamada "Vila de les Cents Fonts". Así se conocía mi pueblo por poseer más de cien fuentes naturales que beben del parque natural del Montseny. Algunas muy conocidas y veneradas por sus efectos terapéuticos. Fue un paraje de moda.

De manera increíble para mí, habían escogido mi pueblo para establecer lo que durante tres años seria la sede del gran Instituto de la Ley Natural Maharishi (ILNA)[11]. Venía gente de todo el mundo. Me habían puesto la meditación en mayúsculas al lado de casa. Era imposible que pudiera escapar.

Después del encuentro con Judith, en el que aparentemente no pasó nada, al margen de mi decisión de hacer el curso, algo inesperado sucedió y de lo que yo no fui consciente. De vuelta en casa, decidí retomar el libro de Maharishi. No me lo podía creer. Cada letra, cada palabra, cada párrafo, cada página se mostraba como una verdadera revelación. Lloré. Por fin había encontrado lo que buscaba desde hacía tantos años.

Llegó el momento. Era una preciosa mañana de domingo. Había nevado y salía el sol. No hacía frío y el aire estaba muy limpio. Había quedado con Judith en el Instituto sobre las 10:30h o las 11h, creo... no estoy seguro. Pero estaba tranquilo, tenía tiempo de sobras. Me recibió en una sala amplia que recordaba las salas de lectura de los hoteles de lujo, con paredes curvadas tipo ábside y amplios ventanales. A pesar de ello se respiraba cierta intimidad. Las persianas estaban un poco subidas, y las ventanas veladas por finas cortinas semiabiertas: lo justo para crear ese ambiente amable, dulce y cómodo, a media luz. En el ambiente flotaba un delicado y fino aroma de incienso. Hablamos poco, un simple saludo de cortesía. Le dije que ya sabía que lo que íbamos hacer era justo lo que estaba buscando. Atenta, me sonrió con un suave mohín en su cara y asintió con un leve gesto de cabeza, pero se mantuvo en silencio. Nos sentamos en cómodos sillones de antaño: uno al lado del otro, manteniendo una distancia, en una posición abierta, lo suficiente para vernos bien. Tenía un modo especial de sentarse, de buenas maneras. Me fijé. Fue directa, y enseguida comenzó con la formación, los dos solos. Después de una pequeña ceremonia de iniciación acorde con el procedimiento de la MT, me introduje por primera vez de lleno y de manera sistemática en la meditación profunda. Todo era silencio. Se respiraba silencio en todo el ambiente, en todo el edificio, en todo el exterior. Parecía que todo el espacio más allá de las paredes, del edificio, del patio y del recinto, estaba sumido en una cúpula de silencio. Estuvimos unas dos horas.

Figura 4: foto hotel y restaurante Solterra en la época del Instituto Maharishi – 1984[11]

Cuando terminamos, quedamos para la siguiente sesión. Nos despedimos y volví a casa andando. Era un paseo necesario, que realicé sin prisa. Recuerdo que todo había cambiado. Los olores y los colores de la mañana eran más vivos, más intensos. Ahora veía los detalles en los que antes no me había fijado. El tiempo parecía ir más lento. La sensación era de ligereza y paz.

Durante cinco días estuve encontrándome con Judith para completar mi formación. Después, no nos volvimos a ver en un mes: pasó algo y el centro permaneció cerrado este tiempo. Durante ese periodo pasé una crisis. Estuve a punto de abandonar la meditación, pero algo me hizo seguir, una intuición de que debía perseverar. Entonces se produjo un milagro.

Empecé a sentir mucha profundidad y mucha paz durante mis meditaciones. Solía hacer una sesión de meditación por la mañana y otra por la tarde. Ambas eran de unos veinte minutos. Empecé a tener sensaciones fuertes en mi cabeza, presiones en la parte frontal y en las zonas temporales y parietales. Sentía como si mi cerebro estuviera creciendo. Durante el día me invadía una paz duradera y una gran claridad mental. Tenía un sentimiento interno rebosante de felicidad. Iba al trabajo, flotando en una especie de nube de felicidad. Seguía meditando diariamente y las sensaciones en mi cabeza se incrementaban. Una noche, después de meditar, cené un poco y me retiré a mi habitación. Cuando me disponía a dormir, entré en el semisueño y ¡"zas"! apareció un relámpago de luz dentro de mi cabeza, un *flash* de luz blanca. Me desperté de golpe. El sueño desapareció. El nivel de alerta y claridad mental era cristalino. Estuve despierto toda la noche. Al día siguiente fui al trabajo, estaba descansado y fresco como una rosa, aunque no había dormido en toda la noche.

Seguía meditando día tras día. Mi vida empezó a ser muy singular y diferente. Pero cada noche sucedía lo mismo. Me disponía a dormir y en el entresueño, aparecía el relámpago de luz blanca. Y de nuevo mi mente se volvía cristalina, una ola de paz me inundaba y me mantenía despierto y fresco toda la noche y todo el día. Me dedicaba a leer libros y libros, me sobraba energía. Era como si mi sistema nervioso tuviera una pila atómica inagotable.

Una noche fue todavía más especial. Conseguí dormirme. Entonces apareció un punto muy pequeño de luz en el centro de mi cabeza, un puntito de luz blanca. Empezó a crecer y a crecer, hasta que llenó toda la cabeza. Fue tan intensa que me despertó, abrí los ojos y me incorporé en la cama. Delante de mí vi tres enormes columnas de luz resplandeciente. Eran tres columnas, que parecían columnas de estilo dórico (por expresarlo de alguna manera), una al lado de la otra, llenas de luz dorada y desprendían radiación. El tiempo se paró. Me quedé observándolas. Al final me restregué los ojos con las manos. Desaparecieron. De nuevo una noche en blanco.

Así estuve, sin dormir, durante tres meses. Era una locura. No entendía nada, pero me encontraba como nunca.

Fui muy cauto en comentar a nadie esa situación, ni siquiera a Judith. Recuerdo que le hice algún comentario sobre mis sensaciones fuertes en la cabeza: ella me escuchó. Me preguntó si me molestaba o sentía dolor. Le dijo que no, pero que me parecía muy extraño. Me dijo que todo estaba bien y lo dejamos ahí.

Después de aquel tiempo, vino una temporada fabulosa de meditación y aprendizaje que desencadenó una profunda metamorfosis. Una época de luz en la cabeza y de luz interior. Fue, sin duda alguna, un periodo de gran cambio. Y la palanca sólida de lo que vendría después… la toma de decisiones que me llevaría por una trayectoria de superación personal y de logros.

Profundicé más y más en la meditación. A los seis meses comencé el curso superior de meditación, llamado Sidhi Program, basado en los yogasūtra de Patañjali. Aquello fue descubrir el poder. Durante la meditación, en posición de siddhāsana (medio loto), mi cuerpo se llenó de manera progresiva de burbujas de felicidad y plenitud. Sentí la liviandad, el empuje y la transformación de todas las partículas de mi cuerpo; hubo una explosión de energía…y literalmente ¡volé!: mi cuerpo se elevó instantáneamente unos cuarenta centímetros del colchón y, generando una parábola, cayendo a un metro de distancia de la posición inicial (el mismo tipo de levitación que se describe en Yogui Flying)[12]. Hubo una explosión única de libertad y felicidad. Con las técnicas superiores todo adquirió una nueva dimensión. Se abrieron nuevos canales de conocimiento. Sentía una profunda expansión de la conciencia. Se desarrollaba de una profunda transformación.

Un día, después de mi trabajo en la fábrica, llegué a casa sobre las siete de la tarde. Como solía hacer, me dediqué a hacer mi programa de meditación. Empecé mi rutina con una buena práctica de Haṭha Yoga y automasajes de aceite de sésamo de primera presión en frío. Seguí con un periodo de prāṇāyāma lentos y enlacé con el inicio de la meditación, en la posición de siddhāsana. Aquella meditación se convirtió, a medida que pasaba el tiempo, en más y más profunda. Las trascendencias se sucedían con mayor intensidad. Una enorme profundidad de silencio, de claridad mental y plenitud. Notaba una profundidad insondable en mi cabeza. Con la primera técnica superior, cada repetición acontecía con bocanadas de trascendencia. Con cada técnica, la experiencia de profundidad crecía con intensidad y entonces llegó la quinta. Mi tubo bronquial se colapsó instantáneamente. El tiempo y el espació se fundieron en el infinito. Entonces, apareció una ventana enfrente de mí. Las dos hojas se abrieron hacia fuera en un movimiento atemporal. Y observé a través de la luz: vi el universo arremolinado como una galaxia espiral girando lentamente. Me di cuenta de que estaba cubierto con una cúpula transparente, veía la media esfera superior. Estaba constituida por minúsculas partículas esféricas cristalinas y, cuando me fijé, pude ver que la misma imagen del universo estaba contenida en cada una de las partículas, como si de un gran fractal se tratara. Entonces, toda esa imagen desapareció repentinamente. Me quedé observándome, mi cabeza estaba suavemente inclinada mirando hacia abajo, en dirección a mis piernas; entonces, vi mi cuerpo ahuecado. Veía solo la estructura exterior, como la corteza gruesa de un árbol, con su interior visible, negro y vacío. En aquel momento, pude contemplar la misma imagen del universo girando dentro de mí.

Somos como un átomo dentro la mecánica funcional del universo y, a la vez, podemos observar el universo dentro de nosotros. Sentí ese profundo nivel de conexión. La expansión de la conciencia desde lo más pequeño a lo mayor. El gran fractal de la naturaleza. Tuve una experiencia de Conciencia Cósmica.

Nunca supe cuánto tiempo estuve en ese estado, no lo comprobé. Pero recuerdo que cuando abrí los ojos, nunca más volví a ser la persona de antes. Mi sentimiento fue morir y renacer como un nuevo hombre, transformado.

Figura 5: foto de la galaxia M31

En agosto de 2021, realicé esta foto, misteriosa y mágica, de la galaxia de Andrómeda, conocida como M31. En la foto aparecen tres galaxias: M31, M32 y M110.

Me trasladó a aquella visión interna del universo girando lentamente en mi interior.

Por aquel entonces, mi vida personal, en especial la familiar, era dolorosa. Mis padres sufrían. Mi padre se batía en duelo con un cáncer de pulmón grave. Después de una traumática cirugía en el Hospital de Bellvitge, en la que perdió casi todo el pulmón izquierdo, inició un tratamiento de radioterapia que duró un mes. A la tercera sesión, su esófago se cerró y no podía comer. Mis padres tuvieron que alquilar un pequeño apartamento cerca del hospital, en el mismo Bellvitge, para poder ir cada día a las sesiones de observación y tratamiento, hasta que forzaron su esófago para separar las paredes. Fue una época terrible para él y para mi madre. Los acompañaba en silencio.

Aquel mes que mis padres pasaron en la ciudad de Bellvitge fue un tiempo de mucho sufrimiento. Esperábamos una solución por parte de los médicos que atendían a mi padre con relación al colapso de su esófago. Un día, mi padre estaba descansado en la cama. Eran las doce del mediodía. Mi madre había ido a comprar con la intención de cocinar algo para comer. Me puse a meditar. Pensé que podría ser beneficioso para él que yo estuviera meditando a su lado. Durante la meditación, las trascendencias emergieron con gran intensidad. En un instante, se hizo la luz y empecé a ver y observar toda la habitación, pude leer la hora en mi reloj, eran las 12:20h. La claridad de la habitación, mi padre en la cama, una visión estereoscópica de trescientos sesenta grados. Fue tan clara, que pensé que se me habían abierto los ojos durante la meditación, levanté la cabeza y entonces abrí los ojos. Al instante, comprendí que la visión se produjo con mis ojos cerrados. Después de aquello, en aquella misma semana intervinieron a mi padre y pudimos volver a casa. Aquella estación del calvario vivido había terminado. Vendrían otras más, pero las fueron superando.

Desde mi primer encuentro con Judith y durante los dos años que siguieron, conocí a muchas personas, entablé nuevas relaciones y lazos de amistad con almas inquietas, inteligentes, sanas y meditadoras. Era como tener una nueva familia. Todo en mí cambió y sufrí una profunda transformación, tanto en mi mente como en mi cuerpo. Fue tal el cambio físico, que ni siquiera mis amigos de toda la vida, de la infancia y la escuela, me reconocían. Para mí fue, en muchos aspectos, una época ¡enorme!

Al final de aquellos dos años, el centro se cerró y todos desparecieron. Fue una gran pérdida: inicialmente así lo viví. Pero, en realidad, fue el fin del principio.

No volví a ver a Judith. Pero la recuerdo con respeto, admiración y cariño.

Hace unos días, inesperadamente, mi estimada amiga y gran meditadora de aquella época, Maribel, estaba recopilando fotografías y me envió una en la que aparecía Judith y la reconocí. Allí donde estés, gracias.

Decidí seguir mi propio camino. Mi padre estaba estabilizado. Hablé con mis padres y les dije que había tomado una decisión. Dejé mi trabajo fijo en la fábrica de madera. Mi madre no lo entendió, pero mi padre asintió con la cabeza y me dijo "*no mires atrás*". Él sabía que yo no tendría futuro en aquel sitio. Me despedí de ellos y me marché del pueblo. A parte de mis padres, nada me retenía. Y empecé una nueva etapa en solitario, pero mi fortaleza había crecido. Mi estado personal, físico y mental, era ¡perfecto!

Mi agradecimiento a todas las personas con las que compartí aquellos dos años en el ILNA. Me acogieron con amistad y generosidad. Sentí un aprecio y soporte en un tiempo en el que la meditación era casi tabú en el espacio social. Pero, para mí, la meditación fue la clave de mi equilibrio y fortaleza, y en mi camino inicial me sentí acompañado y reconocido. A todas aquellas personas, que mantengo en el silencio de mi memoria, y fueron tan importantes para mí, gracias de corazón.

En una feria de Olot, ayudando a mis amigos meditadores y siddha, Maribel y Jordi, vendiendo mermeladas, unos días antes de mi decisión.

Figura 6: foto del autor

Todo el conocimiento reside en nuestro interior. Confía en Ti.

La meditación se convertirá en el símbolo del poder en el siglo XXI.

Te hará libre.

—

De principiante a Maestro

Ante tu pregunta me tomo un respiro. Dejo que el sol y la brisa de la primavera me reconforte.

Después de todo aquel tiempo inicial e intenso en Sant Hilari Sacalm mi enfoque, a partir de entonces, fue a largo plazo.

En el camino de la autorrealización hay dos maneras de abordarlo: a corto o a largo plazo. La maestría es algo que se puede alcanzar en cualquier disciplina. Hay una idea popular que sugiere o menciona que son necesarias unas diez mil horas para alcanzar maestría. Mi experiencia personal es que esta proyección temporal es, en muchos aspectos, válida, aunque no concluyente. No significa que después de completar diez mil horas de meditación estés o alcances la iluminación. Pero sí la maestría o un cierto grado que puede reconocerse como maestría. Para mí, el corto plazo significa diez años. Esto supone una plena dedicación, una vida casi monástica. Por el contrario, mi idea del largo plazo, representa unos treinta años, donde la meditación, en mi caso, fue la herramienta fundamental pero no una dedicación exclusiva.

Cada uno escoge el sendero por donde transitar. Este no es mejor ni peor, es diferente y, en cualquier caso, se corresponde con lo que cada uno de nosotros necesita vivir. Así que yo seguí mi "sādhanā" aparentemente normal o estereotipada.

En mi largo camino de la meditación me encontré con muchas personas (en mi círculo profesional y social) que me preguntaban sobre como conseguía mi estabilidad emocional y mental. Casi siempre les respondía "*porqué medito*". A muchas de ellas, no les producía ningún interés, pero algunas, más reflexivas, preguntaban. Les explicaba los beneficios de la meditación y mi visión sobre la unión de la filosofía transpersonal y la mecánica cuántica. Estos "buscadores" solían requerirme, casi inmediatamente, que les enseñara. Durante veinte años me negué rotundamente. Sentía que no estaba preparado y solía "quitármelos de encima" de manera elegante recomendándoles a un par o tres de profesores de meditación trascendental que conocía. Esto funcionó bien hasta que un día hubo una sacudida y pasó lo inevitable: la Naturaleza dijo "basta de eludir tu responsabilidad".

Un viejo amigo de la infancia y adolescencia, después de muchos años de haber perdido el contacto, reapareció. Era inicios del verano del 2004. Jordi, me contactó y quedamos. Un recuentro en el que mi amigo estaba en horas bajas. Arruinado estaba buscando un modo de reinventarse a nivel profesional. Desorientado y angustiado me pidió por la meditación. Hice como siempre solía proceder y le recomendé acudir a un profesor. El accedió y se puso en contacto con mi referencia. Realizó una inversión, un esfuerzo económico que casi no se podía permitir. Seguimos viéndonos durante aquel tiempo en que él realizaba la formación. Un día, mientras estábamos tomando algo en la terraza de un bar en Barcelona, cerca de mi despacho, me preguntó sobre la meditación y sobre la formación que él estaba cursando con aquel profesor. Así que yo le hacía comentarios y le ampliaba los conocimientos. Me escuchaba con mucha atención y entonces dijo "*te agradezco que me hayas aconsejado ir a este profesor, pero cada vez que hablo contigo, en cinco minutos, aprendo más que una hora entera con él, deberías ¡enseñar tú!*". Le respondí, de manera terminante, que yo no quería saber nada de enseñar. Entonces añadió la frase que lo cambió todo: "*te equivocas, tú tienes un conocimiento extraordinario y no lo quieres ¡compartir!*"; se produjo un largo silencio.

Estuve dos semanas pensando en aquel suceso. Cada vez que meditaba, después de la práctica, sus palabras reaparecían en mi mente. Había otras personas que también me lo habían pedido, pero nunca nadie había sido o se había atrevido a ser tan directo y elocuente como Jordi en una época la suya, tan vulnerable. Así que pensé que tal vez este sea un mensaje de la Naturaleza, debería escucharlo y no ser tan obtuso. Y cambié mi actitud.

Habían pasado exactamente veinte años cuando decidí empezar a enseñar a otras personas el arte y la ciencia de la meditación. Pero saber mucho de un tema no significa necesariamente que sepas transmitirlo y todavía más, que las personas tengan éxito con ello. Casi inmediatamente me di cuenta de que necesitaba de un método. Los siguiente diez años fueron de desarrollo de todo mi camino de formación como profesor. Después de este inicio nació Executive Meditation que me permitió una dedicación a tiempo completo.

Mis conocimientos para ser un profesor de meditación avanzada beben de dos fuentes: un conocimiento de cómo mi maestro realizaba la transmisión del conocimiento y en segundo lugar el convencimiento de que un profesor debe tener un pensamiento científico y capacidad de innovación. Esto me llevó a diseñar una metodología, probarla, analizar los resultados y mejorarla, hasta alcanzar un nivel de excelencia y en entonces, seguir innovando sin descanso.

Un Maestro se construye con conocimiento, experiencia y voluntad. Cuando la manzana está madura cae por su propio peso. No poseo un grado académico, pero si por maestría consideras conocimientos amplios y profundos sobre una materia, capacidad e instinto de investigación que te permita seguir profundizando y ofrecer herramientas y soluciones para alcanzar metas, entonces creo que estoy en ese punto.

Sobre mi amigo Jordi, después de aquellas semanas en las que estuvimos encontrándonos, siguió su camino y perdí el contacto con él. Quince años más tarde me contactó y nos encontramos de nuevo. Me explicó que la meditación fue esencial y también mis consejos a nivel de orientación profesional. Rehízo su vida y consiguió mucho éxito profesional. Cuando nos encontramos de nuevo, me contrató un programa completo de formación en meditación avanzada y me dijo "*es lo que siempre quise hacer, que fueras tú quien me ¡enseñaras!*" y añadió "*te debo las gracias por todo lo que hiciste, en aquel tiempo por mí; tú me dijiste que siguiera intentándolo y fue la clave*".

Carta de madrugada

Barcelona, otoño de 2013

Sobre la esperanza y la búsqueda de la paz interior, para hacer frente a los retos de la vida

.../...

A veces los días se suceden entre la oscuridad y el desánimo. Parece que nos cuesta continuar hacia adelante. Como cuando arrastras una carga llena de losas muy pesadas. ¿Hacia dónde vamos? ¿Hacia dónde se dirige nuestra vida? Nos cuesta hasta respirar. ¿Qué debemos hacer? ¿Cómo hacerlo posible? ¿Cómo podemos ser felices? ¿Por qué nos cuesta tanto? Parece que no podremos y nos sentimos desfallecer. Muchos viven atemorizados por un presente incierto, un futuro indefinido, sin proyectos e incluso sin ideas. Otros hacen frente a un entorno depredador que les hunde las iniciativas, las esperanzas y los propósitos de crecimiento, de querer ser y hacer. Un entorno enfermo que afecta y que domina nuestra propia voluntad. Todo ello es un sistema construido desde la ignorancia del ser humano, un sistema en el que estamos inmersos y que daña el entorno, sobreexplota los recursos naturales y contamina nuestros hábitats y el de los otros seres con los que convivimos en este mundo.

Vivimos en una sociedad que no ha cambiado en 1.000 años en su esencia. Una sociedad que nos recuerda aquella de la época feudal, en donde ha habido algunos cambios en la pirámide, pero los porcentajes son los mismos. Se necesita una nueva escala de valores, donde se potencien aquellos que hacen una sociedad sostenible, en armonía con el medio ambiente. Donde los recursos estén mejor distribuidos y dimensionados de manera racional y justa. Solo es posible un cambio si se hace desde dentro de cada uno de nosotros. Inmersos en tantas convulsiones, tú tienes la capacidad de encontrar la serenidad. Este es el paso fundamental para salir de los problemas. Solo cuando consigues la paz interior aparece la luz que te guía sin error hacia el camino correcto. Tienes herramientas poderosas como la meditación que te conecta con el silencio de tu vida, proyectado desde el silencio interior, desde tu conciencia en estado puro y te darás cuenta de que dentro de ti estás en contacto con una fuente infinita de energía potencial. ¡Sácala y ponla a trabajar para ti! ¡Cambia tu vida!

Notas:

1 Periodo de 1990 a 1995. En la actualidad se conoce como Accenture®. Inicialmente me incorporé a una de las empresas propiedad de AC, pero fui traspasado a AC con la antigüedad reconocida por contrato.

2 Periodo de 1995 a 1996. En la actualidad se conoce como EADA Business School®.

3 En el periodo de 1996 a finales del 1998 fui contratado por Xerox Engineering Systems Española® (XES).

4 Periodo de 2002 al 2006. Antes de ese periodo estuve dedicado a iniciativas empresariales propias.

5 Cambra Oficial de Comerç, Indústria, Serveis i Navegació de Barcelona® (Camara Oficial de Comercio, Industria y Navegacion de Barcelona®); periodo noviembre de 2008 a enero de 2014 CAMERDATA®.

6 Executive Meditation & Consulting® conocida como Executive Meditation®.

7 Sant Hilari de Sacalm (Girona). La empresa se llamaba AFMA SL®, cerrada en la actualidad.

8 BUP y COU. Disponía del título de EGB y realicé solo el primer curso de FPI en Electricidad y Electrónica.

9 Mi madre cometió suicido causado por una depresión. En realidad, creo que nunca superó el daño sufrido por parte de su entorno familiar, la falta de reconocimiento. Mi padre murió de un infarto dos años más tarde. Su historia (la de ambos) fue muy desgraciada por culpa de un entorno familiar insensible y egocéntrico: los padres y hermanos de ambas familias, con la única excepción de mi abuela (Dolores) por parte materna, a quien siempre he considerado como una gran mujer, situada muy por encima de todos los miembros de la familia a nivel de conciencia. Lamentablemente, sin capacidad de influencia.

10 Maharishi Mahesh Yogi fue el fundador del movimiento de Meditación Trascendental; se hizo muy famoso en los años 60 por su relación con los Beatles.

11 Meditación Trascendental ILNA SCL (1984) *"Testimonios y proclamaciones - Sobre el programa de meditación Trascendental"*. ILNA, S.L.C: St. Hilari Sacalm. Foto de la contraportada.

12 Craig Pearson, Ph.D. (2008) *"The complete book oy yogic flying"*

CAPÍTULO 4. LA EXPANSIÓN DE LA MENTE: LA TECNOLOGÍA DE LA MEDITACIÓN

El mejor activo en la vida es el tiempo. Vivir el presente. Adaptarse al momento presente. En el presente está el éxito.

Tanto en la vida personal como profesional el sentimiento de éxito se produce por la suma de tres grandes dimensiones. En primer lugar, el esfuerzo personal. Nuestra capacidad de trabajo y sacrificio. En segundo lugar, la manera en la que nos aproximamos a la vida. La creatividad. Podemos empeñarnos en abordar un reto desde una única perspectiva, pero abrirnos a múltiples posibilidades es incrementar exponencialmente las opciones de resolución. Y, en tercer lugar, nuestra capacidad de generar y mantener un estado óptimo de bienestar, de salud.

Cuando conseguimos mantener estas tres dimensiones en equilibrio experimentamos ese sentimiento de éxito. Esto es tan válido a nivel personal como para las organizaciones: significa que éxito y talento están conectados. Pero el talento es un misterio. El talento es aquella capacidad natural y/o aprendida para llevar a cabo una actividad con eficacia y también de manera eficiente. Es un concepto relacionado con la inteligencia y la aptitud. El talento emerge desde los niveles más profundos y remotos de nuestra mente.

Existe un mito popular de que apenas usamos el diez por ciento de nuestro cerebro. En la actualidad sabemos que esta afirmación dista mucho de ser exacta y de tener base científica. A partir de estudios realizados sobre si realmente solo usamos ese porcentaje, el neurocientífico Barry L. Beyerstein[1] establece siete tipos de pruebas que desmienten esta afirmación: el daño cerebral[2], la evolución del cerebro[3], imágenes cerebrales obtenidas por tecnologías PET y MRI[4] , localización de funciones[5], análisis microestructurales[5], estudios metabólicos[6] y enfermedades neuronales[7], en su conjunto son pruebas que desmienten el mito del diez por ciento.

Sin embargo, nuestra experiencia diaria es de una gran variabilidad en el uso de nuestros recursos. Así, vemos personas que son muy resolutivas y otras no. En general podemos decir que usamos una parte de nuestro potencial de manera consciente. El ser humano tiene un potencial infinito de posibilidades. Tú tienes ese potencial en tus manos.

En este sentido, todos experimentamos *flashes* de creatividad pura. Dentro de nosotros, en el nivel subconsciente, reside nuestro mayor potencial de inteligencia creativa. Es un embalse de energía, creatividad y felicidad. Cuando logramos que emerja, supone un salto enorme en nuestra capacidad de resolución de problemas. Cuanto más dirigimos nuestra atención al silencio de nuestra conciencia, más auténticos y genuinos somos. Nos atrevemos a ir más allá de nuestro mundo conocido. La creatividad es romper los límites y fluir con el río de la naturaleza y su total poder organizador.

La verdadera clave para dirigir nuestra vida con éxito es hacer emerger la inteligencia creativa. El talento y la genialidad[8] es lo que nos permite expandir nuestra mente, rebasar esos límites. Es un salto cuántico, que transformará nuestras vidas y el mundo donde vivimos.

¿De dónde surge la genialidad? Todos los genios reconocen haber visualizado sus ideas primero; expresan que surgió una visión en su cabeza y después trabajaron en ella.

Proyectamos y dirigimos todas nuestras actividades en la vida desde nuestra mente consciente[9]. Desde ese nivel, surge el campo de la acción, la palabra, el pensamiento consciente, la inteligencia[10], el intelecto[11], los sentimientos y emociones y nuestro ego[12].

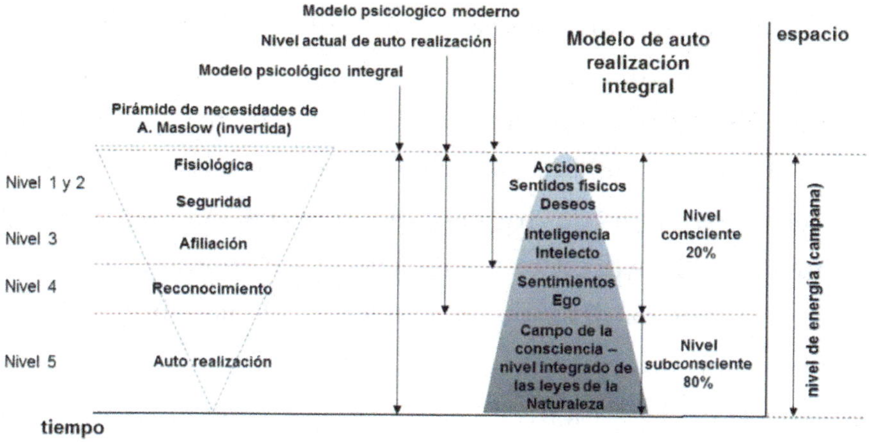

Figura 7: Modelo de desarrollo psicológico. El nuevo paradigma del liderazgo consciente se plasma en el nivel 5.

En la figura (fig. 7) se muestra un gráfico, de relativa complejidad, sobre el modelo de desarrollo psicológico, resultado de mi proceso personal y estudio.

En un plano *argand*[16] de ordenadas y abscisas, las primeras representan el espacio y las segundas el tiempo. En la parte derecha del gráfico se describe la estructura de nuestra mente, desde los niveles superficiales (nivel consciente) hasta los niveles más profundos del subconsciente. Una campana simula el nivel de energía: esta es mayor en el nivel subconsciente que en el nivel consciente.

En la parte más superficial de nuestra mente consciente reside el campo de la acción, la palabra, los sentidos físicos y los deseos. Es un espacio objetivo y bien definido. Es el campo de la materialización, mucha materia y menos energía; el área de la actividad física diaria. En una capa inferior se encuentra la inteligencia y el intelecto, donde el nivel de energía es mayor. En una capa más profunda están los sentimientos y nuestro ego. Es un nivel de mayor energía y más difícil de objetivar. Un sentimiento es más poderoso que un pensamiento concreto, aunque cueste más definirlo. El ego es la parte más profunda de la mente consciente. Nuestro nivel de ser consciente: YO SOY. Es el constructor de formas, el arquitecto y nuestro gran conseguidor. Proyectamos toda la actividad de nuestra vida desde este nivel. Los modelos de desarrollo psicológico moderno van desde los niveles más objetivos y materialistas hasta el nivel de educación del ego. La mayor parte de la educación y formación que recibimos está enfocada al desarrollo de estos niveles: formación en materias interdisciplinarias clásicas en escuelas, institutos, centros de formación y universidades, muy orientadas a la actividad y la acción, sobre todo al desarrollo de las habilidades. El entorno familiar, social y eclesiástico se ha ocupado de manera más concisa de la educación de nuestro ego, moral y ética. Este modelo es conocido como el modelo moderno y actual de realización.

A pesar del esfuerzo, como ya hemos comentado anteriormente, asistimos a un nivel de fallo en el comportamiento en todas las áreas y escalas en la sociedad. Así que el modelo moderno de desarrollo psicológico no consigue dar respuesta suficiente a las necesidades reales demandadas. Esto conduce a una consideración obvia: los recursos desplegados en el nivel consciente representan solamente un porcentaje del total de recursos disponibles.

Abraham Maslow[13] propone que la persona, a lo largo de su vida, adquiere la madurez psicológica a través del cumplimiento de necesidades vitales. Estas fueron ordenadas en una pirámide (en el gráfico aparece invertida por conveniencia de la explicación, pero funciona de igual manera). En la base de la pirámide se encuentran aquellas necesidades relacionadas con aquello que "necesitamos y deseamos" para nuestra propia supervivencia y seguridad física (nivel 1 y 2). Es un nivel de necesidades conectadas con la capa más superficial de nuestra mente consciente: acciones, sentidos y deseos.

En nuestra vida, experimentamos la necesidad básica de satisfacer y dar cumplimiento a nuestros deseos y necesidades más fundamentales: respiración, alimentación, sexo, equilibrio hemostático y descanso. También en lo que atañe a nuestra seguridad: física, de empleo, de recursos, moral y ética, familiar, salud y de propiedad privada. Trabajamos y nos esforzamos por y para construir una base sólida de garantías para la supervivencia.

En general, a medida que conseguimos un nivel de consecución, surgen nuevas cotas de necesidades, como el de pertenencia o afiliación (nivel 3). La necesidad de afiliación consiste en la amistad, el afecto, la intimidad sexual, el poder del grupo, la aceptación social. Estas necesidades están conectadas con nuestra inteligencia e intelecto. Ya no están únicamente centradas en lo que necesitamos, ahora surge el problema de la elección: lo que queremos y cómo lo queremos. Con ello se desarrolla el nivel más alto de nuestras necesidades conscientes, las que pertenecen a nuestro ego: el reconocimiento (nivel 4). La necesidad de respeto de uno mismo incluye la confianza, el nivel de competencia y maestría, los éxitos personales o, como sociedad, la independencia y la libertad.

El reconocimiento es fundamental en la persona y en la sociedad. Es tan importante que por eso existen los premios. Por ejemplo, el Premio Nobel es el máximo nivel en reconocimiento que se le puede dar a una persona por lo que esta ha aportado a la sociedad desde su campo. Escojamos otro ejemplo de reconocimiento social: el conflicto entre sociedades. El caso, por ejemplo, de Cataluña y el estado español. Es un problema de ego. De necesidad de reconocimiento de las propias singularidades. La falta de reconocimiento de los valores y singularidades del otro genera un gran vacío, diría que enorme. Si no se supera este vacío fundamental, no se puede llegar a la autorrealización de esas sociedades, generando la fuente de conflictos. El reconocimiento incluye también la estima, la reputación, el estatus, la fama, la gloria y el dominio.

Maslow fue más allá del estado de reconocimiento. Vislumbró un estado psicológico superior en el que se alcanza el mayor nivel de desarrollo humano. En él se despliegan las cotas más altas de moralidad, creatividad, espontaneidad, falta de prejuicios, aceptación de hechos y resolución de problemas. El estado de autorrealización (nivel 5).

Es un estado psicológico de percepción superior de la realidad, conectado con el campo de la conciencia pura dentro de nuestro interior subconsciente. Un estado que emerge desde el silencio profundo de la conciencia y vierte en nuestra mente consciente las cualidades del poder organizador de la naturaleza. El individuo siente que está en comunión con todas las leyes de la naturaleza que crean y soportan su vida. Conlleva un incremento de la aceptación de uno mismo, más confianza y una filosofía de vida positiva, un pensamiento espontáneo y sin ataduras, un gran incremento de la claridad mental y la creatividad, una fuerte empatía por los demás y una profunda preocupación por los valores humanos: verdad, belleza y justicia.

Las personas autorrealizadas tienen mayor potencial de rendimiento y liderazgo que los estrategas. Pero suponen el uno por ciento de los individuos de la sociedad.

La meditación es una tecnología[14] que permite llevar a la mente consciente a identificarse con el campo profundo de la conciencia. Es el nivel donde se despliega el estado de autorrealización. La meditación nos lleva de manera sistemática a alcanzar este nivel. Ello conlleva una gran transformación psicológica y también física del individuo. En consecuencia, y con el tiempo, también de la sociedad.

La meditación nos pone en contacto con la fuente del pensamiento. La fuente del conocimiento que está en la base de nuestra naturaleza física. Tocamos el poder creativo de la ley natural.

Algunas empresas se han dado cuenta y han creado programas de desarrollo de talento. Google® es un claro ejemplo. Es una empresa de alta tecnología que bebe del talento de su gente. Desde 2007, la empresa ofrece a sus empleados un programa de formación en meditación denominado "Busca en tu interior" (en inglés, *Search Inside Yourself*)[15] para promover el desarrollo personal y profesional. El objetivo es incrementar el talento, el estado de bienestar y felicidad, y la mejora del clima laboral.

Hoy en día hay muchas empresas y organizaciones que han creado programas de *well-being* en donde se incluyen programas y cursos de meditación para el desarrollo personal y la salud.

Personalmente, llevo más de siete años trabajando con equipos de alto rendimiento en más de treinta empresas de España, de todos los sectores de actividad, y dimensiones. Esto puede dar una idea del nivel creciente de interés por parte de las organizaciones en incorporar los programas de desarrollo personal y, en especial, la meditación, como herramienta para la generación de talento y la transformación de comportamientos.

Estamos ante un nuevo paradigma:

El liderazgo consciente se basa en la expansión de la mente. Franquear los límites y adentrarse en la estructura de la naturaleza dentro de nuestro interior. La meditación es la tecnología superior de gestión de nuestros recursos. La llave que abre la puerta al poder.

Notas:

1 Beyerstein, Barry L. (8 de marzo de 2004) "We do really use only 10 percent of our brains?" *Scientific American®*.

Recuperado de https://www.scientificamerican.com/article/do-we-really-use-only-10/

2 Los daños en cualquier parte del cerebro afectan a las habilidades. Si el 90% del cerebro no se utilizase, un daño sufrido no le afectaría.

3 El cerebro consume ingentes cantidades de energía. Si el 90% no se utilizase, un cerebro más pequeño sería más eficiente.

4 Tomografía por emisión de positrones (PET) e imagen por resonancia magnética funcional (FMRI). Estas técnicas han revelado niveles de actividad en todo el cerebro, incluso cuando dormimos.

5 Técnica de grabación de unidades individuales (*single-unit recording*). Los investigadores han insertado un electrodo diminuto en el cerebro para monitorizar la actividad de una sola célula. Si el cerebro no utilizase el 90%, no se detectaría actividad.

6 Otra técnica científica implica estudiar la adopción de moléculas de 2-desoxi-D-glucosa etiquetadas radiactivamente en el cerebro. Si el 90 % del cerebro estuviera inactivo, esas células inactivas deberían aparecer como áreas en blanco en una radiografía del cerebro. Una vez más, no hay tal resultado.

7 Las células del cerebro que no se utilizan, deberían degenerarse. Por lo tanto, si el 90 % del cerebro permaneciera inactivo, las autopsias de cerebros adultos tendrían que revelar una degeneración a gran escala.

8 La genialidad se asocia normalmente a logros sin precedente; creativos, originales y universales. El crítico literario y profesor de universidad estadounidense Harold Bloom (1930-2019) en su estudio *"Genios"* afirma: "El talento no debe ser original, el genio debe serlo".

9 El término "consciente" fue acuñado por Sigmund Freud para calificar un estado psíquico. En filosofía, "consciente" es una persona que se da cuenta de sus actos y actúa de manera responsable. Dirige sus acciones y minimiza las consecuencias negativas que pudieran generar sus actos.

10 Es un término de compleja definición. Evoluciona y cambia con la edad. El término incluye muchos conceptos relacionados con la lógica, el aprendizaje, la comprensión, el razonamiento, el análisis, la resolución de problemas, la planificación, la creatividad, el pensamiento crítico. Inferir información y procesarla para la toma de decisiones. Integra capacidades, aptitudes y habilidades. Los índices WAIS para adultos (prueba Weschler) incluye la comprensión verbal, el razonamiento perceptual, la memoria de trabajo y la velocidad de procesamiento.

11 Aristóteles definía el "intelecto" como "entendimiento o razón". Se trata de un concepto de la filosofía aristotélico-tomista que define la facultad del alma intelectiva o espiritual gracias a la cual el hombre tiene conocimiento del mundo. Para esta tradición filosófica, el intelecto es la parte más excelente del alma humana, no corpórea e inmortal.

Echegoyen, J. "Intelecto" *Diccionario de Psicologia Cientifica i Filosófica*. Torre de Babel Ediciones.

Recuperado de https://www.e-torredebabel.com/Psicologia/Vocabulario/Intelecto.htm

Algunas de las definiciones de intelecto consideran que es la potencia cognoscitiva racional de un ser humano. Se trata del entendimiento y de la facultad de pensar del hombre. Aquí utilizo el término diferenciando entre inteligencia e intelecto. El intelecto nos dice lo que debemos hacer y la inteligencia nos dice el cómo debemos hacerlo.

12 "En la teoría del psicoanálisis de Freud, el ego es la parte parcialmente consciente de la personalidad humana que controla la motilidad y media entre los instintos del ello, los ideales del superego y la realidad del mundo exterior"; Léxico-Oxford. S.f. Ego. Diccionario de inglés y español, sinónimos y traductor de español a inglés.

Consultado/recuperado de: https://www.lexico.com/es/definicion/ego

Utilizo el término "ego" para designar la parte más interna y poderosa de nuestra mente consciente. Es nuestro sentido del ser individual más profundo y reconocido; lo expresamos como "yo soy esa persona", en él nos reconocemos, es el creador y dirige todas nuestras acciones.

13 Abraham Maslow (Brooklyn, Nueva York, 1 de abril de 1908 - Palo Alto, California, 8 de junio de 1970) fue un psicólogo estadounidense conocido por ser uno de los fundadores y principales exponentes de la psicología humanista.

14 El término "**tecnología**" aquí se usa unificando una **metodología** para el **proceso de autotrascendencia** con el uso del **cerebro y el sistema nervioso** para hacer emerger un nivel superior de talento, de inteligencia creativa y dar respuestas a los retos en nuestra vida.

15 Proceso creado por el autor Chade-Meng Tan, quien fue responsable de los programas de crecimiento de Google®. Chade-Meng diseñó un curso corporativo de meditación para transformar el modo de trabajo de las empresas. Para saber más:

Tan, Chade-Meng (2012) *Busca en tu interior*. Trad. Mata Álvarez-Santullano, M. Diana/Planeta: Barcelona.

16 Plano complejo que a veces recibe el nombre de "plano Argand" a causa del uso en los "diagrama de Argand". Su creación se atribuye a Jean Robert Argand (1768-1822) tenedor de libros y talentoso matemático autodidacta francés. Un número puede ser visualmente representado por un par de números formando un vector en un diagrama llamado diagrama de Argand.

CAPÍTULO 5. ¿POR QUÉ LA MEDITACIÓN? LA RESPUESTA A LA CRISIS PERSONAL Y LA LIBERTAD

Vivimos tiempos acelerados. Nuestra comprensión del mundo se basa en la inmediatez y/o los resultados a corto plazo. Las expectativas de cumplimiento sobre las demandas de nuestras necesidades, objetivos y propósitos son muy altas, en un entorno cambiante y apresurado. Esto genera un alto nivel de respuesta que conlleva estrés, tensión y frustración si nuestras expectativas no se cumplen en el plazo previsto o simplemente no se cumplen.

Nuestra exposición al entorno a través de la globalización se ha incrementado exponencialmente. Los medios de comunicación, la radio, la televisión, la prensa, internet y en especial las redes sociales han contribuido a una expansión de nuestro entorno y a la exposición de nuestro espacio personal. El impacto mental, emocional y físico se ha incrementado hasta niveles que en muchos casos superan nuestra capacidad de gestión. Solo hay que ver las discusiones que se producen en cualquier grupo de WhatsApp, que pueden llegar al extremo de la pérdida, incluso, del respeto mutuo.

El impacto de los niveles de respuesta de nuestro entorno, en modo alguno aislado de otros factores externos que también contribuyen de manera significativa, genera respuestas mentales y en especial emocionales que afectan a nuestra salud. La pérdida de los equilibrios homeostáticos conlleva un deterioro de nuestra calidad de vida.

El estrés es la principal causa de enfermedad. Hay estudios realizados en España en los que se asegura que el 53% de las personas adultas con estrés desarrolla una enfermedad física o problemas psíquicos o emocionales[1]. Según se ha publicado, más del 70% de problemas físicos o emocionales parten de factores familiares, y casi el 50% son de origen económico. También son causa de enfermedad la adicción a las nuevas tecnologías en un 68%.

La falta de actuación consciente en la mejora de hábitos cotidianos de prevención, contribuye a incrementar la pérdida de autocontrol y de calidad de vida.

En el marco de empresas y organizaciones, el principal problema de sus miembros es el bajo nivel de descanso nocturno producido por altos niveles de estrés que desembocan en insomnio. Aparecen cuadros de angustia, miedos, adicciones y falta de perspectiva. Los profesionales, bajo este nivel de carga, experimentan una gran pérdida de energía y reducción de funciones cognitivas como la atención, concentración, capacidad de aprender y ven reducidas o alteradas sus funciones del habla y escritura[2]. El estrés laboral y la ansiedad se han convertido en la mayor pandemia del siglo XXI. Urge la necesidad en las organizaciones de promover modelos de prevención[3].

A nivel social, la demanda de trabajo es inferior a la oferta. Por cada oferta de trabajo, hay 16,5 candidatos[3]. También el nivel de exigencia de capacitación de los profesionales se debe, tanto por las demandas del mercado, como por la necesidad que tienen los mismos de obtener u ofrecer ventajas competitivas para acceder a puestos cualificados. El incremento de competencia y el descenso de los salarios debido al exceso de oferta, espoleado por la globalización, hace más duro acceder y mantener un espacio o una posición en una organización.

La crisis sanitaria, la crisis económica o las crisis derivadas de la geopolítica tensionan todavía más una situación insostenible para muchas personas de nuestra sociedad. Escenarios que desencadenan un incremento de los costes de vida.

Ante esta acumulación de tantos escenarios negativos, la sociedad tiene que hacer frente a una deuda personal muy alta, contraída por un consumismo irracional que nos ha llevado a crearnos necesidades superfluas por las cuales ahora tenemos que luchar. Dar cumplimiento a nuestros apetitos y deseos, suele resultar difícil y costoso. En gran medida, debido a la escasez de recursos, que deriva de los exigentes requerimientos para el acceso y la falta de estabilidad del mercado de trabajo. En este escenario, nuestra sociedad se agrieta por la presión de los compromisos financieros contraídos, surge tensión en el seno de las familias y de las organizaciones. Aparece el desequilibrio y en última instancia, la enfermedad.

Los propios estados están en quiebra. Su deuda supera su propio PIB. La presión fiscal aumenta y tensiona a los ciudadanos. La destrucción de empresas supera el nivel de creación de nuevas iniciativas[4]. Las nuevas tecnologías basadas en inteligencia artificial amenazan la sustitución de mano de obra en un mercado laboral cada vez más automatizado.

A todo esto, hay que añadir el drama del desempleo juvenil (mayo 2020 a abril 2021), que roza el 40% entre menores de 25 años, siendo mayor entre las mujeres, 42%, que entre los hombres 39%[5]. La falta de perspectiva de futuro y el retraso de la propia emancipación tensiona a las familias, que deben sostener una mayor carga financiera, manteniendo a hijos en edad productiva que no encuentran trabajo.

La presión de los compromisos adquiridos, la falta de estabilidad y de opciones, resquebrajan nuestro nivel de autoconfianza. La destrucción de los valores, la corrupción en las instituciones, la falta de transparencia, la degradación de los valores democráticos, la manipulación de la información, el recorte de libertades, los abusos de poder, nos llevan a pensar que estamos ante un cambio de orden en la sociedad y la consecuencia de una pérdida de confianza global. La moral y la ética se hunden en el fango del sinsentido. El pasado y el futuro se sucede continuamente y nos atrapan perdidos en la rueda de hámster de ciclo infinito.

Y surge la crisis personal: ¡no puedo seguir así!

Algunas persones se retiran. Otras emigran a otros países. En cualquier caso, surge la imperante necesidad de parar el ritmo, de reducir el nivel de ruido ensordecedor del sistema de vida contraído, y la necesidad vital de encontrar un espacio de reencuentro y conexión con la base de nuestra existencia. ¿Qué sentido tiene todo esto?

Cerrar los ojos y dirigir nuestra atención al silencio de la conciencia es, en esencia, meditar. Meditar es reducir el nivel de actividad externa e interna.

Las profundas y vastas consecuencias de este acto, las analizaremos y detallaremos más adelante.

La meditación es una metodología que surge poderosa como respuesta a la crisis personal. ¿Por qué meditar? Para encontrar y desarrollar un estado personal de paz y plenitud interior. Porque comenzamos a disfrutar de la vida cuando estamos en paz.

La experiencia de un estado de paz interior se produce cuando la mente consciente transciende todos los niveles de actividad y se asienta en un silencio profundo e infinito de la conciencia. A la vez, el cuerpo se relaja profundamente. Es desde este nivel que desarrollamos el potencial creativo latente y disolvemos el estrés y la fatiga acumulada. Creamos un estado de máxima alerta, de total percepción, de conciencia plena en profundo descanso.

Pero lo que hace realmente singular a la meditación es que produce estados superiores de libertad. Transcendemos el pasado y el futuro y la mente se asienta en el momento presente. La destrucción de la rueda del tiempo continuo, la rueda del hámster. La meditación nos rescata del ciclo en el que nos encontrábamos atrapados. Nuestra perspectiva de la realidad cambia y el enfoque del momento permite centrar los problemas y encontrar una, varias o la solución definitiva.

Mi experiencia personal, cuando cierro los ojos, es dejar que mi mente se asiente libre en el estado de budeidad[7], del (falso) vacío de la conciencia. La mente se funde en un estado de conciencia pura. El espacio y el tiempo desaparecen. La proyección del pasado y el futuro se diluyen. Surge un silencio mental, una calma profunda superior. La mente se expande y percibimos una claridad cristalina y vibrante. Emerge una onda espontánea de enorme plenitud y gozo interior, que penetra hasta el nivel celular, generando un potente sentimiento físico de **libertad, felicidad y salud.**

Cuando abro los ojos y salgo de la meditación, entonces sucede la verdadera magia. La mente se limpia. Mi capacidad de respuesta es más serena. Emerge un distanciamiento a los escenarios cotidianos. Observo las cosas, los problemas, los retos, con perspectiva. La vida pasa a cámara más lenta. Me da tiempo de pensar. La creatividad fluye sin esfuerzo y mejora mi toma de decisiones.

El desapego es otro elemento que emerge. Este es un punto fundamental. Sentirte libre de tus pensamientos, sentimientos y emociones. Poder hablar y no sentirte esclavo de tus propias palabras. No necesitar el reconocimiento de los demás. Ser, simplemente, tú mismo.

La base del empoderamiento personal es el desapego a todo y de todos. No significa renunciar a nuestro estilo de vida, sino más bien no estar apegado a él. El sentimiento de desapego es equivalente al sentimiento de libertad.

Es justamente en este punto donde reside el poder de la meditación. Pues es un acto individual libre de condicionamientos y restricciones. Pertenece al individuo por derecho de nacimiento. Es un acto puro de la persona. Te conecta con el poder de la naturaleza que reside en la base de tu vida. Te conecta con las leyes de la naturaleza que rigen tu vida y el universo entero. No necesitas nada, ni a nadie. No existe la dependencia. Nada ni nadie te puede controlar. Cuando cierro los ojos y medito, es el momento más auténtico de mi vida. Es tu gran momento. Tu rencuentro íntimo con la realidad.

La meditación te hará libre. Devolverá el poder a la persona.

Todas las respuestas residen en tu interior. Porque ese es el verdadero propósito de la meditación. Nos pone en contacto con la fuente de la inteligencia creativa de la ley natural que reside en la base de nuestra propia existencia. Nuestra mente y nuestro cerebro tiene esa capacidad. Porque ha sido creado y desarrollado sobre la base de los bloques de construcción de la vida. Las leyes de la naturaleza que crean y sostienen el planeta o el poder del sol, son las mismas leyes que crean y sostienen nuestra existencia. El poder infinito organizador de la Naturaleza está expresado e impreso en nuestra propia fisiología. Nuestra mente y nuestro cerebro tiene la capacidad de tocar la inteligencia creativa de la naturaleza y hacerla emerger. Realizar este proceso de manera precisa y sistemática requiere método y el desarrollo de una habilidad.

Lo que de manera popular llamamos meditación, es en realidad una o varias técnicas que, de manera sistemática, permiten que la mente se asiente en el estado de silencio infinito de la conciencia en estado puro. Un estado de mente tranquilo, recogido, y en expansión en una plena autoconciencia. Observar la conciencia en estado puro es romper el equilibrio del poder y desatarlo. La explosión nuclear de la inteligencia creativa en nuestro interior.

Es ahí donde nuestra mente consciente queda impregnada de las características de la eterna sabiduría de la ley natural, donde emerge la inteligencia creativa y donde el poder de la transformación se despliega. Se desarrollan y potencian los valores y habilidades de la claridad, la energía, la creatividad, la innovación, la serenidad y las respuestas inteligentes a nuestros retos.

El tesoro de nuestra vida está en nuestra mano. Tan cerca que no lo vemos. Reside en el silencio de nuestro secreto. La llamamos "Consciencia Cósmica".

Es justamente cuando cierro los ojos que veo con claridad. También, así lo expresa el gran R. M. Bucke:

> "*Junto con la elevación moral y la iluminación intelectual viene lo que se debe llamar, a falta de un término mejor, un sentido de inmortalidad. No se trata de una convicción intelectual, como viene con la solución de un problema, ni es una experiencia como el aprendizaje de algo desconocido antes. Es mucho más simple y elemental, y podría ser mejor en comparación con la certeza de la individualidad distinta, que posee cada uno, que viene con y pertenece a la conciencia de uno mismo.*"[6]

La meditación es el camino del darse cuenta, del rencuentro con tu fuente de poder, con la libertad y la inmortalidad.

Carta de madrugada

Barcelona, otoño de 2013

Sobre el miedo en la vida. No es una opción.

.../...

Ante la tempestad diaria de retos y exigencias, de desgaste y perturbaciones, nos hace falta mantener la serenidad que nos permite superar las condiciones que se nos plantean en el día a día y a lo largo de la semana.

Meditar diariamente es una herramienta muy beneficiosa. Nos permite generar cambios mentales y fisiológicos. Estos cambios se concretan en un desarrollo superior de habilidades que dan como resultado una mejora sustancial del rendimiento tanto profesional como personal, con un incremento de nuestro nivel de autoliderazgo, creándonos un estado propio de felicidad y de bienestar, optimizando nuestros procesos de vida, todo ello para hacernos sentir que caminamos con serenidad y convicción, con la mente clara, a pesar de tantas turbulencias.

El silencio profundo no es algo que hayamos de preservar, se mantiene permanentemente en la base de nuestro ser, no hace falta hacer nada. Cuanto más te esfuerces en intentar preservar la paz en tu interior, más veces la verás rota y entrarás en una lucha interna abocada a una rueda infinita de lucha y frustración. La vida hay que vivirla tal y como se nos presenta, porque es una dinámica compleja en cuya creación tú juegas un papel fundamental. Aunque no en toda: el entorno, es decir, todos nosotros, también generamos esta dinámica y también nos afecta y es lo más difícil de controlar.

El arte de vivir consiste en saber desarrollar las habilidades enumeradas; si cultivamos nuestra mente a través de la práctica diaria de la meditación, no durante un periodo de tiempo largo o en exceso, sino regularmente, diariamente, como tantas otras actividades rutinarias que hacemos, estaremos llevando el silencio de la naturaleza que reside permanentemente en el fondo de nuestra existencia, en nuestra mente consciente, generando la calma y la perspectiva que conforman un estado de mayor capacidad para responder con serenidad racional y menos emocional. Perder este estado no es un problema, lo podemos volver a recuperar. Lo más importante es darnos cuenta de que cada vez que lo hacemos, estamos creando la gran transformación de nuestra vida, que es mental pero también fisiológica. El cerebro, el sistema nervioso se van transformando; a esto se le llama neuroplasticidad y neurogénesis. Es un movimiento inexorable, sucede y sucederá sin ninguna duda, y si persistes en la meditación profunda, es imparable.

No hace falta hacer actos de fe ni intentar protegernos de nosotros mismos, del entorno, de la vida. Lo que es necesario es realizar una aproximación inteligente a la vida, desde la serenidad, la calma interior. Y, si esta se pierde, lo que importa es ser conscientes de que la podemos recuperar a voluntad. Con esta capacidad y habilidad, podemos conducirnos con éxito por la vida y disfrutar del momento, bajo cualquier expresión. Días buenos o no tan buenos, son el fluir por el río de la vida.

¡El miedo no ha de ser una opción! Acercase de manera sistemática al silencio profundo de la conciencia pura. Si lo hacemos cada día, veremos con mayor claridad. Nuestros pasos se realizarán con más seguridad, ya no de manera irresponsable, sino con inteligencia, tomando tiempo para actuar de acuerdo con lo que decidamos hacer y obtendremos resultados satisfactorios.

.../...

Notas:

1 Maset, J. (27 de septiembre de 2017) "Percepción y hábitos de la población española en torno al estrés". VII Estudio CinfaSalud.

Recuperado de https://cinfasalud.cinfa.com/p/estudio-cinfasalud-estres/

2 Detectado en estudios realizados de elaboración propia – Executive Meditation 2020.

3. Álvarez, P. (10 de noviembre de 2018) "El estrés laboral, la pandemia del Siglo XXI" *Cinco Días, El País,* sección: *Fortuna.*

Recuperado de https://cincodias.elpais.com/cincodias/2018/11/09/fortunas/1541793081_936027.html

4 Servimedia (13 de febrero de 2020) "La creación de empresas cae un 1,2% en el 2019 y la disolución aumenta un 4%" – *Expansión*, sección: *Economia.*

Recuperado de https://www.expansion.com/economia/2020/02/13/5e4515d8468aeb60108b4609.html

5 Datosmacro.com (mayo del 2020 a abril de 2021) *Desempleo de España menores de 25 años.*

Recuperado de https://datosmacro.expansion.com/paro/espana?sc=LAB-25-

6 Richard Maurice Bucke, R. (1991) *Cosmic Consciousness*. Arkana Books p.74

7 Acorde al pensamiento Budista, el estado de budeidad es el más alto de los diez, la condición de pura e indestructible felicidad que no depende de las circunstancias personales. Quien lo experimenta está totalmente libre de toda desilusión, sufrimiento y miedo. Es la condición de la libertad perfecta y absoluta, caracterizada por sensatez (sabiduría, prudencia) ilimitada, coraje, compasión y fuerza vital.

CAPÍTULO 6. MECÁNICA CUÁNTICA Y MEDITACIÓN: EL CAMINO A LA REALIDAD

Vivimos un tiempo apasionante desde el campo de la ciencia. La ciencia nos descubre revelaciones a misterios trascendentes. Nuestra comprensión de la realidad ahora se vislumbra todavía más bella, si cabe, gracias a la profunda comprensión de los detalles y bloques de construcción de la vida fenoménica visible e invisible en el universo.

En la historia de la humanidad ha habido dos diferentes aproximaciones a la comprensión de la realidad. La primera aproximación proviene del campo de la observación y el estudio racional: la filosofía. Esta trata temas y cuestiones fundamentales relacionadas con nuestra visión y comprensión de la realidad de una forma en general no empírica, aunque mediante análisis conceptuales y abordando todos los campos del conocimiento. La segunda aproximación es desde el campo de la ciencia. La ciencia propone un acercamiento a la comprensión de la realidad desde una perspectiva o banda estrecha. El conocimiento científico se obtiene a través de la observación y la experimentación. Un conocimiento organizado y estructurado de manera teórica y práctica que permite realizar preguntas y razonamientos: se formulan hipótesis y teorías, según criterios verdaderos y métodos de investigación consistentes, que deben ser finalmente demostradas a través de la experimentación.

Históricamente, estas dos vías han diferido hasta tal nivel que han llegado a ser visiones antagónicas. Un auténtico divorcio, no exento de sufrimiento y sangre.

La investigación sobre la naturaleza divina y el conocimiento del universo emergen de los remotos tiempos del pasado más antiguo y lejano.

En la mitología mesopotámica había dioses de representación de las fuerzas de la naturaleza: dioses y diosas del clima, las tormentas, la tierra y la vegetación, del sol, de la luz, del fuego y del aire, etc. En definitiva, dioses y diosas que regían la comprensión de la cosmología, la agricultura y la irrigación. Los sacerdotes de los templos eran los intérpretes y escribanos de esas leyes divinas y todopoderosas.

En la sociedad del antiguo Imperio egipcio, la investigación sobre la relación del mundo y el inframundo, entre lo visible e invisible, adquirió dimensiones cósmicas y el principio fundamental de la inmortalidad.

En la Grecia antigua se produce un salto cualitativo. Los filósofos griegos formularon las teorías del átomo, de la materia y el espacio vacío, e hicieron grandes aportaciones en matemáticas, astronomía y física; una concepción del universo desde la cosmovisión de Platón y Aristóteles hasta empiristas como Ptolomeo. Visiones amplias orientadas a explicar la naturaleza de manera tanto racional como positivista[1].

En Europa, en los tiempos de la Edad Media, la visión de la Iglesia fue la imposición de un poder supremo. Su capacidad de influencia se basaba en el poder divino y terrenal. Extensas posesiones de tierras, edificios y ejércitos al servicio de los poseedores de la verdad divina. La situación dominante de empobrecimiento cultural y el analfabetismo favoreció que el estudio sobre el conocimiento residiera en las extensas bibliotecas de conventos, monasterios, abadías y catedrales. Las bibliotecas de estos centros, de la mano de la Iglesia católica, se convirtieron en el símbolo de la cultura y del poder en la sociedad. Esta fue regida por la autoridad del poder de Dios y el miedo al castigo divino. La visión dogmática y el fundamentalismo bíblico se convirtieron en la Ley.

Con el Renacimiento, la ciencia avanzó, y se vivió una auténtica revolución científica. Se cuestionó el dogmatismo y se devolvió el estudio del entorno y del universo a la razón. Los intercambios comerciales y la imprenta permitieron la difusión de nuevas ideas y descubrimientos. Con la llegada de Cristóbal Colon a América, las rutas africanas, las leyes de Newton y la invención del telescopio, la Ciencia se enfrentó a la Iglesia. La Tierra ya no era el centro del universo y se impuso la visión heliocéntrica.

Empiristas como Copérnico, Bruno y Galileo, con sus teorías cosmológicas radicalmente opuestas a la de la Iglesia Católica, sufrieron la persecución dura y trágica de la Iglesia.

La Iglesia no pudo frenar por más tiempo el avance implacable de la ciencia. Descartes propuso la resolución de la validez del conocimiento a través de la división del esfuerzo humano. La Ciencia se ocuparía de validar lo visible y la Iglesia de validar lo invisible. Nace el dualismo y, con ello, el materialismo, que se desarrollaría de manera feroz. Se cuestiona la visión y poder divino en favor de una formulación mecanicista de los fenómenos naturales. Nuestra visión de la realidad se distorsiona y nuestro mundo se acelera.

Los científicos ya eran libres de pensamiento y acción. Proponían esa comprensión cartesiana del universo mecánico y predecible, regido por leyes absolutas e inmutables. El espacio y el tiempo eran entidades absolutas y divididas. Isaac Newton cuestionó tanto lo invisible como la existencia de un ser supremo, del Dios creador. Su herejía fue pública. Describió el universo como el "*sensorio de Dios*" y sugirió que Dios era el espacio y el tiempo mismos. La Iglesia condenó y censuró el libre pensamiento de la Ciencia. Pierre-Simon Laplace pisó el acelerador y su extensa obra sobre mecánica celeste obligó a Napoleón a realizarle un comentario: "*Habéis escrito un libro sobre el sistema del Universo, sin haber mencionado ni una sola vez a su Creador*". Laplace le respondió: "*No he necesitado esa hipótesis, Sire*"[2].

Charles Darwin se enfrentó a la Iglesia y replicó con su teoría del origen y evolución de las especies. La Iglesia consideró herética la réplica darwiniana. Un enfrentamiento continúo ejemplarizado en el famoso debate de Oxford sobre la evolución (1860) entre el obispo Wilberforce y Huxley[3].

Pero, al final, ambas visiones, tanto la científica como la religiosa, quedaron frenadas por un muro inaccesible e infranqueable. Tanto la visión mecanicista del universo regido por leyes absolutas e inmutables, como la de un ser supremo creador, conducían a un callejón sin salida: ¿Qué sentido tiene el universo? ¿Si Dios es el gran santo creador, cuál es el sentido de nuestra existencia, cuál es el papel de los humanos en el orden de las cosas?

En el siglo XIX, el descubrimiento y la investigación de los fenómenos eléctricos y magnéticos, los cuales no podían ser descritos por el modelo mecánico, implicaba la existencia de un nuevo tipo de fuerza misteriosa.

Thomas Young (1773-1829), que fue conocido por sus experimentos de interferencia y difracción de la luz, demostró la naturaleza ondulatoria de esta. En 1801 hizo pasar un rayo de luz a través de dos rendijas paralelas y para proyectarlo sobre una pantalla, generando un patrón de bandas claras y oscuras que demostraba que la luz era una onda.

Michel Faraday (1791-1867), un experimentador brillante y de mente privilegiada, logró producir una corriente eléctrica en una bobina de cobre moviendo un imán cerca de ella, y así convirtió el trabajo mecánico de mover el imán en corriente eléctrica.

Clerk Maxwell (1831-1879), un hombre prodigioso, desarrolló de una manera exquisita las ecuaciones que describen todos los fenómenos electromagnéticos provenientes de los inéditos experimentos de Faraday y otros.

Faraday y Maxwell remplazaron el concepto de fuerza por el de campo de fuerza, y con ello fueron los primeros en ir más allá de la física newtoniana. Ambos formularon que dos cargas, en vez de atraerse como dos masas, según lo establecido por la mecánica newtoniana, producen una "perturbación" en el espacio que las circunda de tal modo que, cuando una carga está presente, siente la fuerza que la otra produce.

A esta característica del espacio, capaz de producir una fuerza, lo llamaron "campo". Un campo es creado por una sola carga y existe tanto si se introduce otra carga que sienta su efecto como si no. El concepto fuerza queda sustituido por el de campo, este tiene su propia realidad y sin referencia con los cuerpos materiales.

La culminación de esta teoría, llamada electrodinámica cuántica (QED), representa la joya de la corona de la mecánica cuántica. La QED sentó las bases del descubrimiento de que la luz no es más que un campo magnético que alterna muy rápidamente y viaja a través del espacio en forma de ondas. Las ondas de radio, las ondas de luz o los rayos X, son ondas electromagnéticas, campos eléctricos y magnéticos oscilantes que difieren solo en la frecuencia de su oscilación, y la luz visible constituye solo una minúscula fracción del espectro electromagnético.

Cincuenta años más tarde de que Faraday y Maxwell hubieran formulado la base de la electrodinámica, Albert Einstein (1879-1955) declaró que los campos electromagnéticos son entidades físicas por propio derecho, pueden viajar a través del espacio vacío y no logran ser explicados mecánicamente. El modelo newtoniano había dejado de ser la base única de toda la física. Y nació una nueva era.

En 1905 Einstein inició dos tendencias revolucionarias de pensamiento: la teoría especial de la relatividad; y otra nueva forma de considerar la radiación electromagnética, la característica básica de la teoría cuántica: la teoría de los fenómenos atómicos. La teoría especial de la relatividad formula una nueva comprensión del espacio y el tiempo y la consecuencia de la equivalencia masa y energía.

Pero Einstein irá más lejos y, en 1915, formulará la *Teoría general de la relatividad*: el espacio no es tridimensional y el tiempo no constituye una entidad separada. Ambos están íntimamente relacionados, entrelazados y forman una continuidad "espaciotemporal". Toda medición de espacio o tiempo es relativa. La gravedad no es una fuerza, el espacio no es plano, es curvo y está entrelazado con el tiempo. Nuestra comprensión sobre la Realidad sufre una profunda mutación y se acelera. Nuestra mente se expande.

En 1911 los experimentos de Rutherford habían demostrado que los átomos, en lugar de ser duros e indestructibles, consistían en vastas regiones de espacio donde unas partículas extremadamente pequeñas se movían, y ahora la teoría cuántica aclaraba que incluso estas partículas no se asemejan en nada a objetos sólidos de la física clásica. Las unidades subatómicas de materia son entidades abstractas que tienen un aspecto dual. Dependiendo de cómo las vemos, aparecen como partículas o, a veces, como ondas, como la luz.

En 1920 un grupo internacional de físicos, que incluía a Niels Bohr de Dinamarca, Louis de Broglie de Francia, Erwin Schrödinger y Wolfgang Pauli de Austria, Werner Heisenberg de Alemania y Paul Dirac de Inglaterra aunaron esfuerzos para perfilar uno de los períodos más apasionantes de la ciencia moderna, al poner al hombre en contacto con la realidad del mundo subatómico.

Figura 8: foto conferencia Solvay de 1927. Niels Bohr está en la segunda fila (el primero por la derecha). Einstein está en el centro, en la primera fila.

La Ciencia seguía investigando al margen de la Iglesia. Hasta que desató el poder de la energía del átomo, con la primera explosión de una bomba atómica el 16 de julio de 1945. Se liberó una energía inmensa surgida de las entrañas de las regiones más profundas, vastas e invisibles de la materia del universo.

El entrelazamiento cuántico introducido por Schrödinger en 1935 sacudió los cimientos de la nueva física y nos sugirió que el universo no es físico, que todos estamos interrelacionados y que el tiempo y el espacio no son más que conceptos de esa inmaterialidad.

Existen tres fenómenos físicos de la mecánica cuántica que han convulsionado de manera completa nuestra comprensión de la realidad: **el entrelazamiento, la teleportación y la superposición de estados**.

La paradoja de Einstein-Podolsky-Rosen, denominada «Paradoja EPR», consiste en un experimento mental propuesto por Albert Einstein, Boris Podolsky y Nathan Rosen en 1935. A Einstein (y a muchos otros científicos), la idea del entrelazamiento cuántico le resultaba extremadamente perturbadora. Esta particular característica de la mecánica cuántica permite preparar estados de dos o más partículas en los cuales es imposible obtener información útil sobre el estado total del sistema haciendo solo mediciones sobre una de las partículas. Por otro lado, en un estado entrelazado, manipulando una de las partículas, se puede modificar el estado total. Es decir, operando sobre una de las partículas, se puede modificar el estado de la otra a distancia y de manera instantánea. Esto habla de una correlación entre las dos partículas que no tiene contrapartida en el mundo de nuestras experiencias cotidianas.

Figura 9: Einstein, Podolsky y Rosen (EPR)

El experimento planteado por EPR consistía en que dos partículas que interactuaron en el pasado se quedan en un estado entrelazado. Dos observadores se ocupan de cada una de las partículas. Si un observador mide el momento de una de ellas, entonces sabe cuál es el momento de la otra. Si mide la posición, gracias al entrelazamiento cuántico por el principio de incertidumbre[12], puede saber la posición de la otra partícula de forma instantánea e independientemente de la distancia que los separa, lo que contradice el sentido común y representa una manifestación de que el entrelazamiento era una propiedad, en cierto modo inconsistente, definida por la física cuántica.

La paradoja EPR está en contradicción con la teoría de la relatividad, ya que se transmite información de forma instantánea entre las dos partículas. De acuerdo con la formulación EPR, esta teoría predice un fenómeno (el de la acción a distancia instantánea), pero no permite hacer predicciones deterministas sobre él: por lo tanto, desde el punto de vista de Einstein y sus defensores, se concluye que la mecánica cuántica es una teoría incompleta y necesitada de variables adicionales, que se denominan "variables ocultas". Era el argumento poderoso de Einstein, seguramente inspirado por las ideas de su estimado amigo y brillante matemático lógico Kurt Gödel, y derivado de los teoremas de incompletitud[13]. Gödel viajó a los Estados Unidos en 1933, conoció a Einstein y se hicieron muy amigos. Gödel presentó sus trabajos en una conferencia de la reunión anual de la American Mathematical Society. Impresionó profundamente a Einstein. Su primer y segundo teorema de incompletitud eran herramientas muy convincentes y seductoras para armar los fundamentos de EPR (1935).

Niels Bohr y Albert Einstein ya habían debatido en el pasado apasionadamente en torno de la teoría cuántica en casa de Paul Ehrenfest en Leiden, en diciembre de 1925. Fue durante el acalorado desarrollo del debate que se esgrimió la frase tan célebre de Einstein: "*Dios no juega a los dados*". De dicha frase hay registros fiables, lo cual no ocurre con el supuesto contraargumento por parte de Bohr hacia Einstein en el mismo debate, cuando le dijo: "*¡Einstein, deja de decirle a Dios cómo hacer las cosas!*".

Figura 10: Niels Bohr recibió en 1922 el Premio Nobel de Física por sus trabajos sobre la estructura atómica y la radiación.

La discusión que sostuvo Einstein con Bohr era un análisis sobre la validez o no validez de las leyes de la relatividad en el mundo subatómico de la física cuántica. Einstein sostenía que el universo material era "local y "real"; lo local apuntaba a que nada puede superar la velocidad de la luz, mientras que lo real apuntaba a que las cosas existen en una sola forma definida en un tiempo y espacio determinado. Bohr, por su parte, se acogía a la "función de onda" de las partículas subatómicas y al estado de "superposición" que pueden presentar estas en condiciones muy distintas a las que mantienen a los fenómenos macro. En el entrelazamiento, por ejemplo, dos electrones creados a la vez pueden estar en estados opuestos y extremamente alejados en el universo, lo que ocurre con uno en un determinado punto, es experimentado de forma instantánea por el otro. El debate quedó abierto.

No fue hasta mucho más tarde, pasados más de veinticinco años, en 1964, que se demostraría de manera consistente la validez de los argumentos de Bohr en contra de la posición de Einstein. Vino de la mano de un brillante físico nuclear norirlandés, John S. Bell. Bell nació en Irlanda del Norte el 28 de junio de 1928. Se graduó en Física Experimental en la Universidad de Queen de Belfast en 1948. Obtuvo su doctorado en Birmingham como especialista en física nuclear y teoría de campo cuántico. Su carrera laboral comenzó en la British Atomic Energy Agency, en Malvern, Gran Bretaña, y en el Harwell Laboratory. Luego de varios años, se trasladó al CERN. Trabajó casi exclusivamente en física de partículas teóricas y diseño de aceleradores, pero su hobby eran los fundamentos de la teoría cuántica.

En 1964 escribió un ensayo titulado *On the Einstein-Podoslky-Rosen paradox* ("Sobre la paradoja Einstein-Podoslky-Rosen"). En ese trabajo mostró algunos rasgos particulares de la paradoja EPR. Su trabajo deriva en la denominada "desigualdad de Bell", que es aplicada en mecánica cuántica para cuantificar matemáticamente las implicaciones planteadas teóricamente en la paradoja EPR y permitir así su demostración experimental. En la introducción del texto de su trabajo, Bell decía de manera elocuente:

> *"La paradoja de Einstein, Podolsky y Rosen se planteó como un argumento de que la mecánica cuántica no podía ser una teoría completa, sino que debería complementarse con variables adicionales. Estas variables adicionales iban a restaurar la teoría de la causalidad y la localidad. En esta nota se formulará matemáticamente esa idea y se demostrará que es incompatible con las predicciones estadísticas de la mecánica cuántica. Es el requisito de localidad, o más precisamente que el resultado de una medición en un sistema no se vea afectado por operaciones en un sistema distante con el que ha interactuado en el pasado, lo que crea la dificultad esencial. Ha habido intentos de demostrar que, incluso sin tal requisito de separabilidad o localidad, no es posible una interpretación de "variable oculta" de la mecánica cuántica.*

> *Estos intentos se han examinado en otros lugares y se han encontrado deficientes. Además, se ha construido explícitamente una interpretación de variables ocultas de la teoría cuántica elemental. Esa interpretación particular tiene de hecho una estructura groseramente no local. Esto es característico, de acuerdo con el resultado que se probará aquí, de cualquier teoría que reproduzca exactamente las predicciones de la mecánica cuántica"* [4]

El teorema de Bell puso en evidencia el principio de las causas locales (principio que postula que lo que ocurre en una región del espacio no depende de variables controladas por un experimentador en otra región distante), y parece dar a entender que nuestro universo es "no-local", que no tiene partes separadas (salvo para nuestra percepción) y que existen unas variables desconocidas "no-locales". Las consecuencias de esta visión son tan fundamentales como estremecedoras.

El teorema de Bell es un teorema de imposibilidad, que afirma que ninguna teoría física de variables ocultas locales puede reproducir todas las predicciones de la mecánica cuántica.

Figura 11: John S. Bell

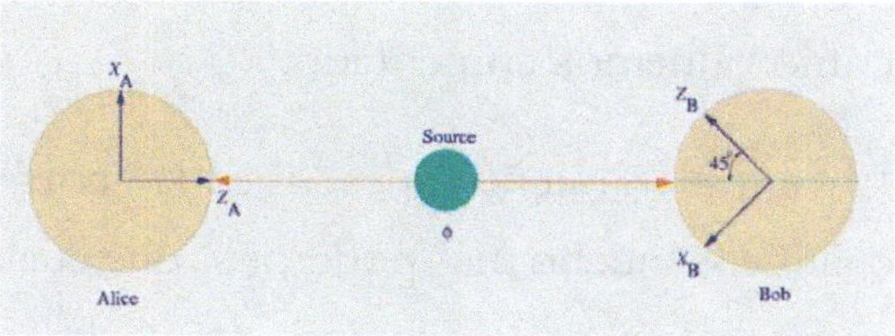

Ilustración del test de Bell para partículas de espín 1/2. La fuente produce un par de espín singlete, una partícula se envía a Alicia y otra a Bob. Cada una mide uno de los dos espines posibles.

Bell abrió la ¡caja de Pandora!

El 11 de diciembre de 1997 se publicó en la revista *Nature* un interesante artículo de Anton Zeilinger. En colaboración con un grupo de científicos de su equipo, realizó con éxito un experimento de teleportación cuántica de estados: la transmisión y reconstrucción a través del espacio (distancias arbitrarias) de un sistema cuántico[5]. La idea es que, durante la teleportación, un fotón inicial polarizado es transferido y uno, del par de fotones entrelazados, es sujeto a una medida tal que el segundo fotón del par adquiere la polarización del fotón inicial. Este segundo fotón está arbitrariamente alejado del primero. Se transfiere el estado cuántico de uno al otro.

La clave esencial es el uso del entrelazamiento de partículas, un fenómeno ya probado de la naturaleza que transciende la localidad apasionadamente defendida por Einstein, que simplemente no podía aceptar acciones entrelazadas a distancia; es, en cambio, una característica básica de la mecánica cuántica, como ya hemos comentado.

El entrelazamiento describe la correlación entre sistemas cuánticos mucho más poderosos que cualquier clásica correlación entre sistemas. El equipo de Zeilinger consiguió teleportar fotones a través de un cable de fibra óptica de 600 metros, que iba bajo las aguas del río Danubio, de una orilla a otra.

Figura 12: Anton Zeilinger[11]

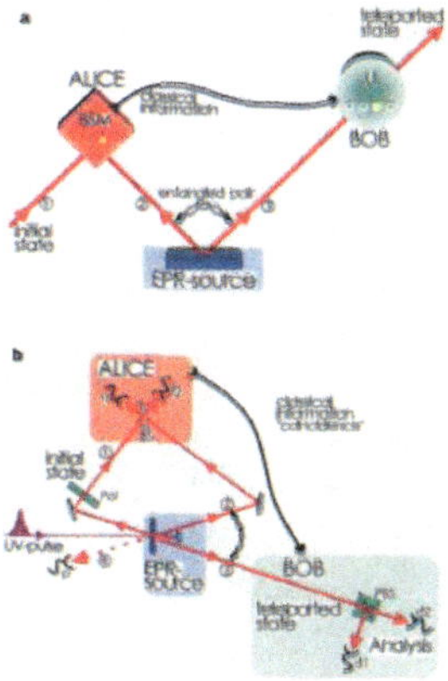

Otro equipo austríaco, dirigido por Rainer Blatt, logró la teleportación de un átomo. Así se demostró que se podía aplicar la teleportación a sistemas más masivos, los *qubits* (*Nature*, 17 de junio de 2004).

Por último, la superposición cuántica es la aplicación del principio de superposición a la mecánica cuántica. Ocurre cuando un objeto posee simultáneamente dos o más valores de una cantidad observable (por ejemplo: la posición o la energía de una partícula).

El experimento del gato de Schrödinger o paradoja de Schrödinger es un experimento imaginario, concebido en 1935 por el físico Erwin Schrödinger para exponer uno de los aspectos más extraños, a priori, de la mecánica cuántica.

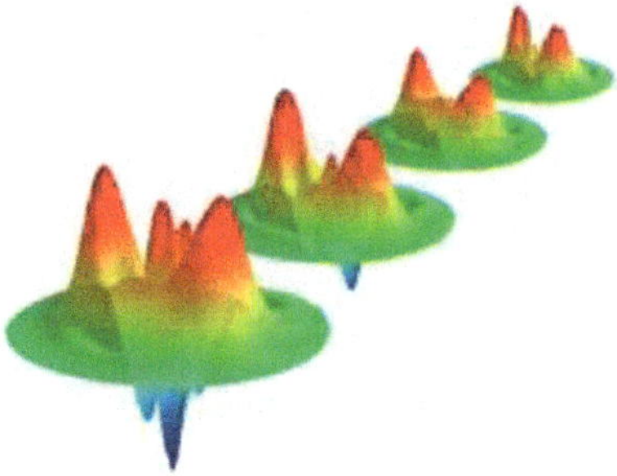

Figura 13: El experimento del gato de Schrödinger; fotografía de un fotón en cuatro momentos distintos en proceso de decoherencia cuántica. Laboratoire Kastler Brossel

Schrödinger nos propone un sistema formado por una caja cerrada y opaca que contiene un gato, una botella de gas venenoso, una partícula radiactiva con un 50% de probabilidades de desintegrarse en un tiempo dado y un dispositivo tal que, si la partícula se desintegra, se rompe la botella y el gato muere.

Al depender todo el sistema del estado final de un único átomo que actúa según las leyes de la mecánica cuántica, tanto la partícula como la vida del gato estarán sometidos a ellas. De acuerdo a dichas leyes, el sistema gato-dispositivo no puede separarse en sus componentes originales (gato y dispositivo) a menos que se haga una medición sobre el sistema. El sistema gato-dispositivo está en estado de superposición.

Científicos del Laboratorio Kastler Brossel del Centro Nacional Francés de Investigación Científica (CNRS) han conseguido «fotografiar» fotones (partículas portadoras de todas las formas de radiación electromagnética, entre ellas la luz) deslizándose de un estado cuántico frágil a un estado estable clásico. De esta forma, la famosa paradoja del gato de Schrödinger, a escala microscópica, se ha podido registrar en imágenes.[6]

Este entendimiento sobre el funcionamiento de la naturaleza en los niveles elementales y próximo al campo supersimétrico y unificado de toda la ley natural, nos ofrece una explicación de la realidad.

Nos ofrece un conocimiento y comprensión cognitiva y ancestral de la conciencia, de la estructura de la mente y la mecánica de la fisiología. Toda nuestra fisiología representa una réplica del conocimiento.

Campos de estudio como la metafísica y el misticismo adquieren una nueva comprensión y se nos revelan conocimientos paralelos. ¿Es la conciencia la base de la ley natural? ¿Es la mente un instrumento para utilizar con maestría las leyes fundamentales? ¿Es el sistema nervioso humano la maquinaria tecnológica para experimentar y crear la realidad?

La ciencia y filosofía se dan la mano, se entrelazan para desplegar el conocimiento total.

Ante esta imagen impactante de la comprensión de la realidad, los científicos comienzan a valorar la visión ancestral de los filósofos. A la pregunta ¿qué es la realidad?, las conclusiones finales llevaron a una respuesta con profundas consecuencias. La realidad es, en esencia:

- Vacío / falso vacío (en el interior del átomo)
- Interconectividad/entrelazamiento
- Naturaleza de la realidad: unidad (todo es una cosa: campo de Higgs)

Esta descripción empírica de la realidad sugiere una descripción filosófica y próxima del concepto de Dios. ¿Estamos ante el nacimiento de una nueva visión integradora y un nuevo dialogo entre ciencia y espíritu?

La conclusión científica sobre la naturaleza de la realidad nos lleva a la inevitable comprensión de que, en el nivel más profundo de la materia, en los rincones más ínfimos del espacio-tiempo, los campos de fuerza (bosones) y materia (fermiones) se unifican a través de la supersimetría[7]. El campo unificado[8] de todas las leyes de la naturaleza. La base de la Teoría del Todo[9].

La física cuántica describe los bloques de construcción de la materia y la vida. Desde los niveles más fundamentales, describe cómo estas leyes se enlazan y recombinan hasta alcanzar la diversidad de la vida manifiesta: ADN, ARN, proteínas, sistemas macromoleculares, componentes celulares, células, tejidos, órganos, sistemas, organismos, la fisiología individual, conciencia individual, la fisiología de la sociedad y la conciencia colectiva y global.

El 4 de julio del 2012, el CERN anunció el descubrimiento del bosón de Higgs[10]. La relevancia de este descubrimiento reside en que se trata de la primera evidencia científica de que en el nivel de vacío dentro de la estructura del átomo no hay vacío. Existe un campo de energía potencial infinita responsable de toda la materia en el universo, visible e invisible. Esta es la pieza angular de la eventual Teoría del Todo y que da sentido a toda existencia.

El campo de Higgs sería equivalente a una única fuente de todo el orden y la inteligencia creativa. La fuente de todo el conocimiento.

El encuentro entre el poeta y filósofo Rabindranath Tagore y Albert Einstein (14 de abril de 1930), en el cual conversaron sobre la verdad y la realidad, simboliza el reencuentro entre espiritualidad y ciencia. Es seguramente una de las conversaciones más profundas que se hayan podido dar entre dos personalidades premiadas con el Nobel.

Figura 14: Albert Einstein y Rabindranath Tagore, 14 de julio de 1930, Berlin[11]

El *vedanta* indio propone una visión de la realidad no dualista y afirma la unidad del todo (Vedānta Advaita). Nuestra experiencia del mundo es relativa e ilusoria (maya) y en su base fundamental reside la Unidad. La divinidad impersonal (Brahman) y las almas individuales (ātman) se funden en el Uno. Esa Unidad parece ser la que, después de siglos de esfuerzo, la ciencia empieza a corroborar.

Por un lado, la ciencia, en su camino solitario y a través de la construcción de gigantescos aceleradores de partículas, consigue penetrar en la estructura de la materia para alcanzar y descubrir un campo de energía infinito, responsable de toda la materia visible e invisible del universo.

En la otra vertiente, la filosofía: a través de los recursos que propone la naturaleza, el mismo ser humano usa los recursos físicos y mentales (el cerebro, el sistema nervioso y la mente) para conseguir penetrar en la estructura de la materia de nuestra fisiología individual y experimentar el mismo campo de energía. El campo de la conciencia en estado puro. Conciencia Pura.

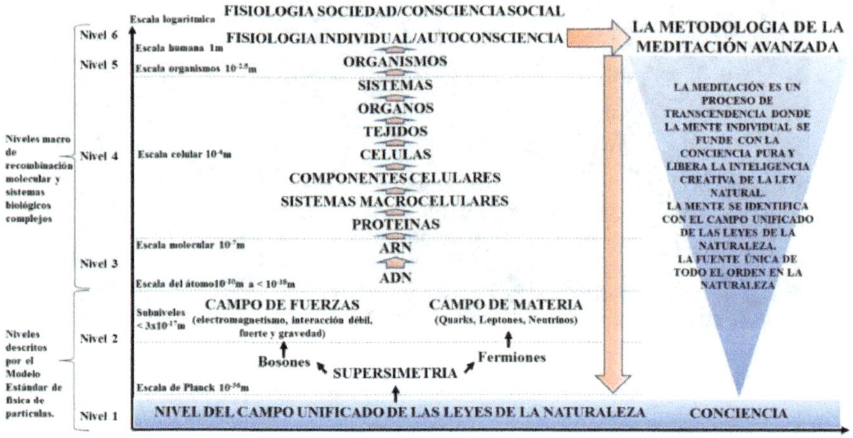

Figura 15: Modelo de relación macro y microscópica. La meditación como proceso de trascendencia y la identificación de la mente consciente con la conciencia en estado puro y el campo unificado de la Ley Natural. (Esquema basado en el modelo estándar de física de partículas, modelo de estructura macro biológica humana y proceso clásico de trascendencia transpersonal).

La meditación, como metodología, nos permite usar de manera eficaz y eficiente los recursos de la mente, el cerebro y el sistema nervioso para alcanzar el nivel último de la conciencia y experimentar el campo unificado de todas las leyes de la naturaleza que crea y sustenta nuestra vida, el planeta, el sistema solar, la galaxia y el universo entero.

En nuestro cerebro, poco más de un kilo y medio de materia, hay más neuronas que estrellas en nuestra galaxia y un número exponencial superior de conexiones nerviosas. Un poder inconmensurable.

En nuestra búsqueda de la realidad (fig. 16) hemos seguido caminos paralelos. Por un lado, la ciencia, a través de la construcción de grandes dispositivos como los aceleradores de partículas, ha permitido encontrar el campo de energía potencial responsable de toda creación del universo. Por otro lado, la filosofía, a través del recurso fundamental del ser humano, su cerebro y su mente, ha permitido experimentar ese campo fundamental dentro de la propia materia de nuestra fisiología.

La meditación representa la llave del poder. La herramienta más eficaz y eficiente para hacer emerger los valores de la inteligencia creativa residentes en el campo fundamental de la conciencia en estado puro. Nuestro cerebro y nuestra mente son una creación única para experimentarse a sí misma y dar la respuesta al sentido de nuestra existencia.

Figura 16: Fotografías (derecha) del Gran Colisionador de Hadrones (LHC) del CERN son el ejemplo del esfuerza humano por revelar la estructura de la materia y el instrumento que ha puesto de manifiesto el falso vacío en la estructura del átomo y el descubrimiento físico del campo de Higgs, la fuente de toda la materia y energía en el universo. La fotografía del monje (izquierda) ejemplariza el poder de la mente, el sistema nervioso y el cerebro humano como instrumento de la creación, capaz de penetrar y tocar la inteligencia creativa de la ley natural dentro de la fisiología humana, revelar el campo infinito de la conciencia pura. Ambas sendas convergen en la base de la realidad.

La Realidad se expresa a sí misma y se experimenta a sí misma a través de su propia creación. Esta es la dignidad de la vida humana.

La fuente de todo poder y conocimiento reside en nuestro interior.

Asistimos al amanecer del CONOCIMIENTO TOTAL.

Notas:

1 La ciencia griega tenía dos posibilidades en su intento de explicar la naturaleza: la explicación realista, que consistiría en expresar de forma rigurosa y racional lo que realmente se da en la naturaleza, y la explicación positivista, que radicaría en expresar de forma racional lo aparente, sin preocuparse de la relación entre lo que se ve y lo que en realidad es.

2 Pierre-Simon Laplace, Frase célebres. Consultado en Wikipedia en enero de 2021.

3 Debate de Oxford sobre la evolución (30 de junio de 1860). Exaltado intercambio de palabras entre el obispo Wilberforce y Thomas Henry Huxley, donde este supuestamente preguntó a Huxley que, si creía que el ser humano descendía de los simios, en su caso particular, ¿descendía por parte de madre o por parte de padre? Supuestamente, Huxley le respondió que él no estaría avergonzado de tener a un simio como ancestro, pero sin embargo sí se avergonzaría de estar emparentado con un hombre como el obispo. Consultado en Wikipedia en enero de 2021.

4 Bell, J.S. (1964) "On the Einstein Podolsky Rosen Paradox", *Physics Publishing Co.* Physics Vol. 1, No. 3, Pp. 195-200

En el texto, la cita aparece traducida por el autor. El original en inglés es:

"THE paradox of Einstein, Podolsky and Rosen was advanced as an argument that quantum mechanics could not be a complete theory but should be supplemented by additional variables. These additional variables were to restore to the theory causality and locality. In this note that idea will be formulated mathematically and shown to be incompatible with the statistical predictions of quantum mechanics. It is the requirement of locality, or more precisely that the result of a measurement on one system be unaffected by operations on a distant system with which it has interacted in the past, that creates the essential difficulty. There have been attempts to show that even without such a separability or locality requirement no "hidden variable" interpretation of quantum mechanics is possible. These attempts have been examined elsewhere and found wanting. Moreover, a hidden variable interpretation of elementary quantum theory has been explicitly constructed. That particular interpretation has indeed a grossly non-local structure. This is characteristic, according to the result to be proved here, of any such theory which reproduces exactly the quantum mechanical predictions.".

5 Bouwmeester, D., Pan, JW., Mattle, K. et al. "Experimental quantum teleportation". *Nature.* Vol.390, Pp. 575–579.

Recuperado de https://doi.org/10.1038/37539

6 Deléglise, S.; Dotsenko, I.; Sayrin, C.; Bernu, J.; Brune, M.; Raimond, J.M.; Haroche, s. (2008) "Reconstruction of non-classical cavity field states with snapshots of their decoherence". *Nature.* Vol. 455. Pp.510-4.

Recuperado de:

https://www.researchgate.net/publication/23282319_Reconstruction_of_non-classical_cavity_field_states_with_snapshots_of_their_decoherence

7 La supersimetría también es conocida por el acrónimo inglés SUSY en física de partículas. Relaciona las propiedades de fermiones con bosones que transmiten las iteraciones fundamentales de las fuerzas de la naturaleza: interacción electromagnética, interacción nuclear fuerte e interacción nuclear débil.

Consultado en Wikipedia - enero/2021:

https://es.wikipedia.org/wiki/Supersimetr%C3%ADa

8 La teoría unificada de campos trata de reconciliar las cuatro fuerzas fundamentales (o campos) de la naturaleza (del más fuerte al más débil): la fuerza nuclear débil, fuerza nuclear fuerte, la fuerza electromagnética y la fuerza de la gravedad.

Consultado en Wikipedia - enero/2021:

https://es.wikipedia.org/wiki/Teor%C3%ADa_del_campo_unificado

9 Teoría del todo (o ToE por sus siglas en inglés, *Theory of Everything*) es una teoría hipotética de la física teórica que explica y conecta en una sola todos los fenómenos físicos conocidos. Inicialmente, el término se usó con una connotación irónica, para referirse a varias teorías sobregeneralizadas. Después se popularizó en la física cuántica al describir una teoría que podría unificar o explicar a través de un modelo simple de teorías todas las interacciones fundamentales de la naturaleza. Otros términos, no del todo sinónimos, empleados para referirse al mismo concepto son teoría unificada, gran teoría unificada, teoría de campos unificada y teoría del campo unificado.

Consultado en Wikipedia - enero/2021:
https://es.wikipedia.org/wiki/Teor%C3%ADa_del_todo

10 En honor a Peter Ware Higgs, físico británico conocido por su proposición en los años 1960 de la ruptura de la simetría en la teoría electrodébil, explicando el origen de la masa de las partículas elementales.

Consultado en Wikipedia - enero/2021: https://es.wikipedia.org/wiki/Peter_Higgs

11 Foto de autor: Jaqueline Godany; (2003); descripción: Univ.-Prof. Dr. Anton Zeilinger; fuente: Offizielle Webseite von Anton Zeilinger; http://www.quantum.at/zeilinger

12 Principio de incertidumbre de Heisenberg: En mecánica cuántica, la relación de indeterminación de Heisenberg o principio de incertidumbre establece la imposibilidad de que determinados pares de magnitudes físicas observables y complementarias sean conocidas con precisión arbitraria. En otras palabras, cuanta mayor certeza se busca en determinar la posición de una partícula, menos se conoce su momento lineal y, por tanto, su masa y velocidad. Este principio fue enunciado por el físico teórico alemán Werner Heisenberg en 1927.

Recuperado de: https/es.wikipedia.org/wiki/Relación_de_indeterminación_de_Heisenberg

13 Teorema de incompletitud de Kurt Gödel: En 1931 los matemáticos se habían lanzado a buscar los fundamentos de su disciplina: un conjunto de hechos matemáticos básicos, o axiomas, que fueran al mismo tiempo coherentes (que nunca condujeran a contradicciones) y completos (es decir, a partir de los cuales pudieran construirse todas las verdades matemáticas). Los teoremas de incompletitud de Gödel, publicados cuando contaba solo 25 años, frustraron el sueño de los matemáticos. Gödel demostró que cualquier conjunto de axiomas que podamos postular como base de las matemáticas será irremediablemente incompleto: siempre habrá hechos verdaderos sobre los números que jamás podremos demostrar a partir de esos axiomas. Además, Gödel también probó que ninguno de esos conjuntos de axiomas podría demostrar jamás su propia coherencia. Recuperado de: Natalie Wolchover Investigación y Ciencia (revista) agosto 2021; https://www.investigacionyciencia.es/revistas/investigacion-y-ciencia/hongos-la-nueva-amenaza-839/as-funciona-el-teorema-de-gdel-20136

CAPÍTULO 7. NEUROFISIOLOGÍA DEL PODER: MEDITACIÓN Y NEUROCIENCIA

Desde un punto de vista general, la práctica regular de la meditación genera muchos beneficios. Comprender la causa de estos beneficios conlleva entender el profundo impacto que una práctica como la meditación produce en nuestra vida, en nuestra fisiología y en nuestro cerebro.

La meditación, como metodología, ha sido practicada durante siglos y en todas las culturas. En diferentes tipos, técnicas y aproximaciones se ha revelado como una herramienta fundamental en el desarrollo humano. Aunque es una práctica ancestral, ahora se vislumbra recuperada desde una nueva perspectiva.

En los últimos cuarenta años han sido investigados los beneficios de la práctica regular de la meditación, pero en la actualidad está experimentando una gran expansión. Los estudios científicos se han centrado en los cambios en el cerebro, la mente, el impacto en la fisiología y el comportamiento.

En la práctica de la meditación existe una variedad de técnicas y métodos. Este hecho ha contribuido a una cierta confusión existente sobre la comprensión de qué es y qué no es la meditación. El estudio científico sobre los efectos de la meditación en el cerebro, nuestra fisiología y el comportamiento han conllevado generar una categorización para la clasificación de técnicas, facilitar los análisis y sus conclusiones. Una parte de ellas han sido agrupadas en cuatro categorías principales: **focalización**

de la atención, observación abierta, recitación de mantra (hay dos tipos: en silencio y en voz alta) y **prácticas de la compasión**[1]. Cada categoría puede englobar una o varias técnicas de meditación. Nos centraremos en especial en una técnica específica, pero manteniendo una perspectiva amplia con relación a otras clases y metodologías.

En este capítulo abordaremos tanto los beneficios generales como los específicos de la práctica de la meditación avanzada procedente de la técnica Rāja Yoga de Patañjali[2]: la meditación con mantra (en silencio) y los ojos cerrados[3]. Esta herramienta pertenece a la categoría de recitación de mantra con ojos cerrados, denominada como "transcendencia automática o auto transcendencia del pensamiento", utilizada, por ejemplo, en meditación trascendental (Travis, 2011)[17]. Implica "ir más allá", de manera sistemática, de los contenidos de la experiencia a un estado de conciencia pura. Una percepción simultánea de dhārāṇā (fijeza), dhyāna (trascendente) y samādhi (conciencia pura), acorde con lo que expresa Patañjali en su Yoga Sūtra.

Existen muchas técnicas de meditación: budismo tibetano, chakra, Kuṇḍalinī Yoga, meta/amor benevolente, Rajā Yoga, Tonglen, Vipassanā, Zazen, meditación trascendental, meditación avanzada, mindfulness, visualización, etc. Algunas de ellas generan patrones fiables de cambio en el funcionamiento del cerebro (activaciones y desactivaciones), y que presentan crecimiento de masas neuronales a corto plazo, y otras generan diferencias sugestivas con cambios físicos a medio y largo plazo.

Acorde con el retrato que ofrece la neuropsicología, veamos una aproximación a la descripción básica de cada tipo de meditación:

Meditación de atención focalizada: propone que el nivel de conciencia está entrelazado con el contenido. El objeto de enfoque sostenido llena completamente la conciencia; es decir, nuestro cerebro tiene esa capacidad de centrar la conciencia en un objeto de estímulo.

Meditación de observación o atención abierta: formula que el nivel de conciencia comienza a separarse (consciente) de los contenidos cambiantes, objetos de experiencia como estados corporales, pensamientos, sentimientos o respiración. Abre el foco y percibe un área mayor de sensaciones corporales, emociones, pensamientos y conductas.

Meditación de (auto)trascendencia automática del pensamiento: incluye meditaciones diseñadas para trascender el mismo procedimiento de la meditación. Estas técnicas minimizan el contenido de la conciencia y, por lo tanto, permiten la exploración de niveles de conciencia desprovistos de contenido.

Meditación amorosa y compasiva: consiste en reflexiones compasivas y sintonizadas con todos los seres. Cultivo de actitudes y respuestas al sufrimiento. Visualización y generación de emociones compasivas y de amor.

A pesar del esfuerzo en categorizar los tipos de prácticas y técnicas, lo cierto es que todas las técnicas contemplan algún tipo de focalización de la mente. Sea este un objeto de enfoque, experiencia, mantra o visualización del amor o la compasión.

El **estado de meditación profunda** crea un perfil de características psicológicas muy específico: **silencio interior, claridad mental y plenitud o pura joya interior**, sin intervención de estímulos externos (Wallace, 2013)[18]. Todas las categorías de meditación y técnicas persiguen la creación de este estado. El impacto de la creación de este estado de conciencia tiene profundas y vastas **consecuencias** en nuestra vida.

Los resultados obtenidos, a través de mis estudios y análisis desde inicios del 2014, son acordes a los resultados de la mayoría de trabajos científicos publicados.

En los proyectos realizados mediante el uso de sistemas y equipos de EEG (electroencefalograma), se pueden observar diferencias en la activación de ondas cerebrales dependiendo del tipo de práctica de meditación. Así, por ejemplo, las técnicas centradas en meditación focalizada, activan la atención voluntaria en la respiración, como la Vipassanā o el mindfulness. Mueven ondas gamma (alta frecuencia) en el lóbulo frontal del cerebro. Por el contrario, la meditación con mantra, en silencio y con ojos cerrados, propias de la meditación trascendental y de la meditación avanzada Rajā Yoga, que usa el proceso de (auto)trascendencia del pensamiento para generar un estado de experiencia de conciencia pura, focalizan ondas tipo alfa (baja frecuencia) en el lóbulo frontal del cerebro y presenta, al mismo tiempo, una fuerte reducción de las ondas de alta frecuencia beta y sobre todo gamma.

En el caso específico de las técnicas de la meditación avanzada y la meditación trascendental, el uso de la metodología varía en función su complejidad de uso. Parte de los patrones cerebrales registrados en los informes EEG son conformes a las descripciones típicas de los modelos EEG observados en la categoría de meditación de atención focalizada o concentrada (sanyama). En especial cuando se incluyen elementos activos o fórmulas (siddhis) de especificidad provenientes de los "sūtras, versos y aforismos del Yoga Sūtra de Patañjali". Estas pautas de EEG presentan mayor amplitud en el lóbulo frontal, de las ondas tipo gamma y beta, durante los periodos de sanyama o concentración. Los estudios realizados a través de tecnología EEG y eLORETA (*Low Resolution Electromagnetic Tomography*) también presentan al mismo tiempo un predominio de actividad alfa. Este aspecto simultáneo de actividad gama/beta con actividad alfa ha sido identificado y relacionado con los estados subjetivos de percepción holística del mundo, estados de consciencia trascendental y conciencia pura (samādhi), al mismo tiempo que la percepción y fijeza en los detalles (dhārānā) (Travis, 2011)[4]

"Los resultados se discuten a la luz de otras prácticas meditativas y estados alterados de consciencia" (Tal Dotan, 2018)[4].

Estos patrones EEG, se ajustan a los registrados y descritos en meditación avanzada. Esta, combina la focalización con mantra (saṃyama o meditación concentrada) con la mecánica de auto trascendencia automática del pensamiento. Incluye la experiencia simultánea de dhārānā (fijeza), dhyāna (trascendente) y samādhi (conciencia pura).

Se trata de un tipo de funcionamiento complejo que permite un proceso de trascendencia del propio mantra, desde el pensamiento ordinario hasta los niveles más sutiles de la actividad consciente. En este nivel, la consciencia se libera del objeto y se produce una singularidad del espacio-tiempo. Este procedimiento rompe los límites y el sujeto se establece en un estado de experiencia de la conciencia pura, silencio infinito (samādhi). Es en este momento cuando se produce mayor actividad (EEG) alfa y una fuerte reducción de los niveles de actividad gamma y beta en el lóbulo frontal.

Además del tipo de activación de onda y su significado, aspectos como el patrón especifico de meditación, niveles de sincronismo entre hemisferios y lateralidad son aspectos muy importantes para entender el funcionamiento del cerebro bajo la práctica de la meditación. Los hallazgos sugieren que se produce un proceso de modificación física (neuroplasticidad y neurogénesis) y su impacto en el cambio y transformación del comportamiento en nuestra vida cotidiana.

Conclusiones que se han derivado de estudios científicos realizados con técnicas superiores de FRMI y PET sobre sujetos durante la práctica de meditación, el tamaño del efecto que muestran los metaanálisis propone que las prácticas de meditación tienden a producir efectos de crecimiento neuronal en el cerebro. Los resultados apuntan que la relación de la meditación con el funcionamiento cerebral puede ser significativa.[5]

La reconocida neurocientífica Shara Lazar[6] ha comentado que se han encontrado diferencias en el volumen cerebral después de ocho semanas de meditación con mantra en cinco regiones diferentes en el cerebro:

1. Cingulado posterior, involucrado en la vagancia de la mente y la relevancia de sí mismo.

2. El hipocampo izquierdo: que da apoyo a las funciones de aprendizaje, cognición, memoria y regulación emocional.

3. La unión temporal parietal, o TPJ, que está asociada con la toma de perspectiva, la empatía y la compasión.

4. El área del tronco cerebral llamada Pons, donde se producen muchos neurotransmisores reguladores.

5. La amígdala, que gestiona la ansiedad, el miedo y el estrés en general. Reducción de estrés.

Se han realizado muchos estudios conductuales y, también, con técnicas que proviene de la neurociencia y la psicología, como neurorregistros y la neuroimagen. En todos ellos se aprecian respuestas físicas en el cerebro con la práctica de la meditación. Los cambios en el comportamiento han sido más que comprobados y sugieren que efectivamente debe de haber modificaciones a nivel de neuroplasticidad y la neurogénesis del cerebro. En todas las conclusiones se observa los resultados beneficiosos de la práctica de la meditación, incluso en la aplicación de la meditación como terapia clínica para los trastornos derivados de la desregulación afectiva[7]. Desordenes producidos por el estrés, por la ansiedad y desordenes mayores como la depresión.

Los análisis realizados en practicantes de meditación (en especial de mindfulness, meditación trascendental, meditación avanzada y meditación compasiva) a través de técnicas de EEG y neuroimagen, identifican cambios de patrón de funcionamiento del cerebro con fuertes incrementos de la actividad en el lóbulo frontal del cerebro, responsable de funciones cognitivas superiores.

Los sujetos practicantes de la meditación de manera regular, es decir diaria, con tiempos de dedicación sobre los cuarenta minutos de práctica diaria, muestran cambios significativos en su comportamiento: un incremento de la memoria y mejor gestión de las funciones emocionales; reducción de emociones negativas como el enfado, el miedo, la tristeza o la ira, y una potenciación de emociones positivas como la alegría, la serenidad, la autoconfianza, la positividad y la empatía.

Se han generado y compilado grandes cantidades de evidencias científicas sobre la capacidad de cambio de actividad del cerebro en su conjunto, en grandes zonas y áreas específicas: variaciones en los niveles de activaciones y desactivaciones durante la práctica de la meditación, así como en ciertos procesos físicos del cerebro que confirman su neuro plasticidad y la creación de redes neuronales que dan soporte a estos patrones de actividad mantenida. Los registros muestran desactivaciones en el hemisferio izquierdo que comprenden múltiples grupos en la circunvalación frontal media, corteza prefrontal dorsolateral, corteza prefrontal anterior lateral, precúneo, circunvolución temporal transversal, anterior e ínsula posterior, desactivaciones de la circunvolución del frontal inferior y la circunvolución temporal superior. Revelan una mayor actividad durante la meditación en las áreas frontales en comparación con el reposo.

En definitiva, concluyen que la neuroplasticidad relacionada con la meditación está fundamentalmente asociada a una reorganización funcional de la actividad de los patrones en la corteza prefrontal y en la ínsula[8]. Esto significa que se potencian las funciones cognitivas a distintos niveles de autoconciencia y control ejecutivo. La capacidad de anticiparnos al futuro, la selección de objetivos, la planificación y la observación.

Los proyectos realizados sobre practicantes de meditación avanzada revelan incrementos de atención y mejoras en la memoria, el lenguaje y la gestión de las emociones, así como con un aumento de autocontrol e incluso cambios de percepción visual más detallada y mejor enfoque de los colores. Todo ello concluye que la meditación genera un impacto a todos los niveles de la corteza prefrontal, media basal y posterior/basal.

Las activaciones y desactivaciones en la ínsula conllevan una mejor regulación de sus funciones y es profundamente consistente con los resultados evidenciados de los practicantes de meditación avanzada.

Entre varios resultados relacionados con el incremento de consciencia corporal, hay que destacar el incremento de la empatía y el control sobre las adicciones. Muchos meditadores han mostrado un rechazo a determinadas sustancias adictivas como el alcohol, el café y el tabaco con tan solo unas pocas semanas de práctica regular de la meditación. Ha habido casos objetivos de recuperación con éxito de personas adictas a drogas como la marihuana y la cocaína en un plazo de tres meses.

También la meditación resulta efectiva para regular el trastorno de una mente distraída o proclive a la falta de atención y al aburrimiento. Resultados de trabajos realizados con estudiantes jóvenes en fase de instituto, después de siete u ocho semanas de práctica regular de la meditación, presentan mejoras en la atención, la concentración y la capacidad de aprender.

Barry H. Cohen, al referirse al aburrimiento y el dolor mental (experiencia subjetiva de intenso sentimiento negativo y cambios de uno mismo asociados a graves desordenes psicológicos y físicos), afirma que todos los humanos, a medida que adquieren cierta madurez, cuentan con recursos para gestionar y, en última instancia, reducir la causa raíz del aburrimiento, haciéndole frente directamente a través de métodos de atención dirigida, como la meditación (Zeidan et al., 2016)[9].

La meditación desarrolla el cerebro y genera cambios en el comportamiento. Este hecho tiene y tendrá futuras consecuencias para con nuestra sociedad. Son profundamente relevantes los efectos neurobiológicos de la meditación a través de la generación de estados de conciencia trascendental o de conciencia plena.

Los estudios científicos revelan cambios funcionales y estructurales en la materia gris en las áreas relacionadas con la atención, la memoria, la interoperación, el procesamiento sensorial y la autorregulación. A nivel molecular, se produce un incremento en neurotransmisores como la dopamina y serotonina. La meditación también modula los niveles de actividad y estrés, generando una reducción de los niveles de cortisol y noradrenalina producidas por las glándulas suprarrenales (en un 30%)[10] y los niveles de ácido láctico en la sangre.

Todos los cambios producidos por la meditación en la fisiología del cerebro indican la profunda interrelación entre la mente y la fisiología.

Las propias características del estado psicológico de meditación definen un nuevo estado físico que apoya este estado definido como conciencia pura o conciencia plena.

Los hallazgos sobre estudios realizados sugieren que los estados de meditación alcanzados a largo plazo permiten una mayor regulación emocional, al comprometer las estructuras corticales frontales en vez de la activación automática de la amígdala. La meditación parece actuar de un nivel de "arriba hacia abajo", en comparación con los antidepresivos clásicos, que actúan de "abajo hacia arriba" (A. Chielsa Institute of Psychiatry, University of Bologna, 2010)[19].

Uno de los aspectos más investigados y largamente documentados por el grupo de meditación trascendental es el descubrimiento de la creación de un estado de operación altamente coherente de las ondas alfa en el cerebro, especialmente intenso en el lóbulo frontal.

La coherencia es un aspecto muy importante en física de ondas. Debemos recordar que el cerebro funciona bajo patrones de onda. La coherencia en ondas significa que las funciones de onda entran en fase, es decir, se sincronizan las crestas y los valles en el tiempo, de tal forma, que sus amplitudes e intensidades se suman. Ello genera una onda resultante de mayor amplitud e intensidad, lo que conlleva a un incremento de la interoperación del cerebro. Significa que el cerebro puede procesar más información por unidad de tiempo con el mismo gasto, por decirlo así, de energía.

La coherencia se considera una medida de la conectividad funcional del cerebro necesaria para la formación de redes e integración. Valores bajos de los niveles de coherencia se suelen asociar a la debilidad mental producida por la reducción de sustancia blanca y riego sanguíneo cerebral presente en los cuadros de esquizofrenia, depresión y envejecimiento normal. Por el contrario, un nivel alto de coherencia está asociado a la maduración normal, el intercambio de información y la coordinación funcional entre regiones del cerebro[11].

Las investigaciones científicas indican que los niveles altos de coherencia en las ondas cerebrales están significativamente correlacionados con claras experiencias de conciencia trascendental. Estas, están en correspondencia con niveles altos de autoconciencia. Se observa, como resultado, una mejor capacidad en la toma de decisiones, mejora en la eficiencia neurológica, incremento de niveles de juicio, niveles altos de inteligencia (IQ), mejora en la capacidad del aprendizaje, asimilación de información y memoria, estabilidad emocional y rendimiento académico, reducción de los niveles de estrés, ansiedad y cuadros neuróticos[12].

Se han establecido que los niveles de coherencia frontal altos de ondas alfa (8-10Hz) están asociados a niveles altos de integración del cerebro. Resulta en una gran estabilidad emocional y una reducción de la ansiedad ante los desafíos cotidianos (C. Pearson, 2008, F.Travis, 2014, N. Sirinivasan, 2019)[12].

Todos estos indicadores de mejora han sido corroborados por miles de practicantes de meditación trascendental y centenares de practicantes de meditación avanzada entrenados por *Executive Meditation.*

Durante los últimos ocho años, he enseñado meditación avanzada, con plena dedicación, a más de mil trescientas personas. He realizado centenares de registros y he llevado a cabo, un equivalente número de análisis conductuales.

En 2017 emprendí un proyecto de desarrollo de una metodología para estudiar el patrón neurofisiológico de la meditación a través de técnicas provenientes de la neurociencia, en especial el uso de sistemas de neurorregistro basado en EEG (electroencefalograma).

Empecé a realizar registros EEG de manera sistemática con dispositivos de captación y medición a principios de marzo del 2018. El objetivo principal era evidenciar que las personas generaban un patrón específico y reproducible de meditación. También asegurar y certificar que los practicantes habían desarrollado la habilidad de generar y sostener estados de meditación. Y finalmente, comprobar que estos patrones eran distintos en comparación a los reflejados en estado de vigilia. Muchas sorpresas nos esperaban.

Los resultados cualitativos arrojaron sólidas evidencias de las mejoras. Y estas eran conformes con los estudios internacionales publicados y mencionados anteriormente. Por supuesto, la principal evidencia eran las experiencias positivas expresadas por todos los estudiantes. Estos comprendían todo tipo de edades, géneros y estilos de vida, personales y profesionales. Muchos eran empresarios y altos ejecutivos. Pero también había médicos, cirujanos, arquitectos, abogados, enfermeros, profesores, interioristas, deportistas de élite, escritores (algunos famosos), periodistas, profesores de yoga, también estudiantes de instituto y jubilados.

Hemos realizado proyectos corporativos con un nivel de éxito notable. Incorporado la metodología de la meditación avanzada en las áreas de dirección general, funcional y áreas productivas con el objetivo de mejorar el talento, el estado de bienestar personal y el apoyo a la creación de dinámicas de *team building*, incrementando la productividad y el rendimiento, y reduciendo los niveles de frustración ambiental.

En Barcelona (2019) los ejecutivos de doce de las veinticuatro empresas de selección de talentos han pasado por los programas de meditación avanzada de *Executive Meditation*. El resultado de su experiencia ha puesto en valor la meditación como un activo muy importante a considerar en los procesos de selección de RRHH.

El uso de técnicas de neurorregistro y neurovisualización se han revelado como herramientas fundamentales para cerrar el bucle y ampliar nuestra comprensión sobre lo que está pasando en nuestro cerebro cuando no estamos meditando y cuando estamos meditando. Estos resultados son consistentes con los resultados cualitativos de cambios en el comportamiento y con los estudios científicos publicados.

El cerebro funciona por ondas. Representan la actividad eléctrica producida por el cerebro. Estas señales son de baja amplitud y se distinguen por los tipos de frecuencia. Veamos cuáles son y a qué tipo de actividad están asociadas:

Gamma
30-44Hz

Figura 18: Onda cerebral Gamma

Gamma: Rango de frecuencia asociadas a tareas de alto procesamiento cognitivo, a una intensa atención focalizada y trabajo mental

Beta
13-30Hz

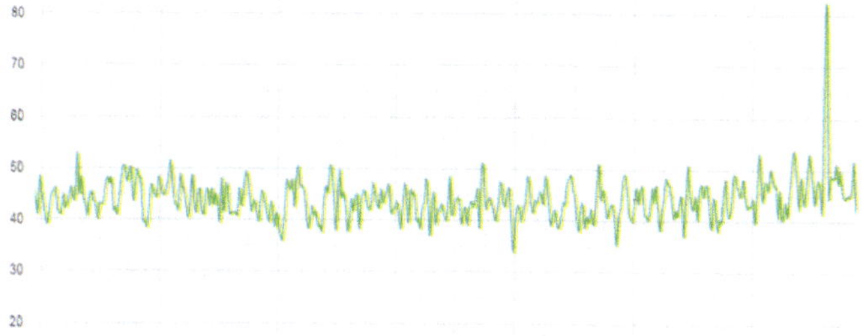

Figura 19: Onda cerebral Beta

Beta: Rango de frecuencia relacionados con estados de vigilia, alerta, concentración activa y realización de actividades comunes.

Alfa

7.5-13Hz

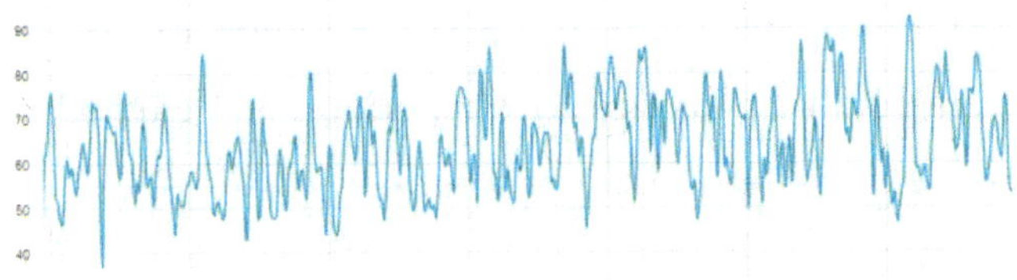

Figura 20: Onda cerebral Alfa

Alfa: Rango de frecuencia que se asocia a estados de meditación, relajación, calma y tranquilidad. Favorece el proceso de focalización en la medida que filtra las distracciones, pensamientos y emociones. Están relacionadas con la creatividad, claridad mental, toma de decisiones y resolución de problemas. Estados de alerta en profundo descanso.

Theta

4-8Hz

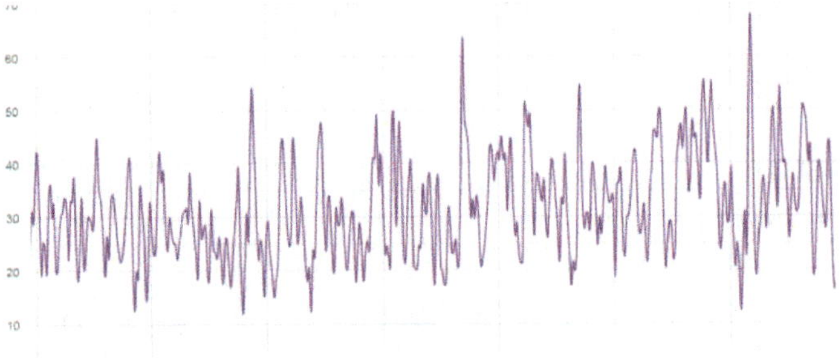

Figura 21: Onda cerebral Theta

Theta: Rango de frecuencia relacionada con los estados profundos de meditación y relajación y con las primeras fases del sueño.

Delta

1-4Hz

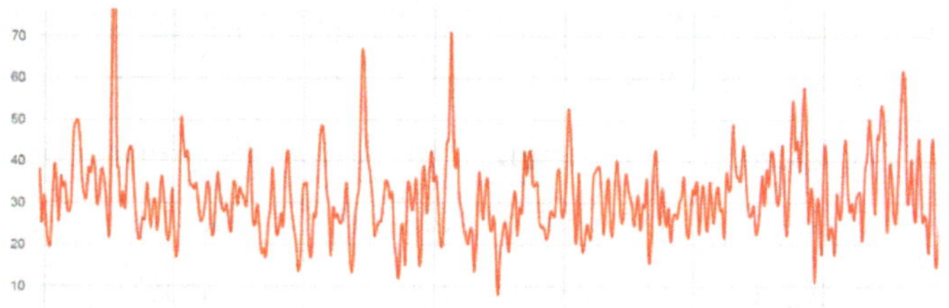

Figura 22: Onda cerebral Delta

Delta: Rango de frecuencias asociadas a las etapas de sueño profundo.

Las cinco bandas de frecuencia principales están siempre activas. Las mediciones realizadas en meditadores han visualizado un comportamiento específico repetitivo de las ondas cerebrales que hemos llamado **"patrón de meditación" (PM)**. Este patrón de meditación afecta en especial a tres bandas de frecuencia: **gamma, beta y alfa**. También se tiene en cuenta en algunos estudios la configuración **gamma y alfa/theta**. También existe la tendencia, seguida por los científicos, de plantear el patrón de meditación analizando bajo el conjunto gamma y beta comparado con la suma de alfa, theta y delta. En cualquier caso, la idea principal es ver el comportamiento de actividad de alta frecuencia comparado con la baja frecuencia antes, durante y después del periodo de meditación como veremos con detalle más adelante.

En la metodología utilizada en mis estudios, la banda delta no la hemos contabilizado en los cálculos: primero porque no ha sido necesario para el propósito de las mediciones, y, en segundo lugar, porque el comportamiento de la onda delta es muy inestable durante las mediciones y su comportamiento aislado no arroja un significado útil, al menos hasta la fecha y en relación con el estado de conciencia de vigilia. Como he comentado, algunos neurocientíficos tienden a incluir los datos delta dentro del patrón alfa/theta, lo que desde mi punto de vista también se puede considerar. Sin embargo, es innecesario para el propósito de los trabajos de estudio realizados. Añadir los datos delta solo supondría incrementar los valores y resultados de los patrones alfa y theta, lo cual no es necesario para el propósito de la validación de los PMs. El PM que se dibuja -alfa (o alfa/theta), beta y gamma–se concluye como suficiente.

El PM estudiado es específico de la meditación avanzada, pero también se da en meditación trascendental. En mindfulness y Vipassanā el PM es diferente, porque implica una mecánica de meditación focalizada en el incremento de la atención y concentración, lo que genera un PM distinto y con predominio de ondas gamma[14]. Sin embargo, este hallazgo arroja una conclusión y evidencia del impacto de la meditación con distintos PMs, lo que sugiere que igualmente se produce una neurogénesis funcional, que afecta en el comportamiento de manera positiva a corto, medio y largo plazo.

En el caso específico de meditación avanzada (se puede aplicar de manera idéntica a la meditación trascendental), el objetivo del análisis PM es, por una parte, visualizar la reducción de la actividad gamma y beta durante la meditación y, por otro lado, observar el incremento de potencia de la onda dominante alfa durante todo el periodo dentro del patrón en el lóbulo frontal.

La interpretación del análisis del PM señala, en primer lugar, una reducción de los niveles de actividad funcional gamma y beta, sostenido durante el periodo de meditación, en comparación con los observados durante la actividad ordinaria con ojos abiertos, caracterizada por los niveles altos de los mismos.

En segundo lugar, comporta el incremento de potencia y la estabilidad dominante de la onda alfa de baja frecuencia en el lóbulo frontal. Esta estabilidad e incremento de potencia alfa (amplitud e intensidad) en estado de reposo, conlleva inevitablemente, a un incremento de la interoperación del cerebro y propicia una neurogénesis, la cual se traduce, en cambios conductuales de comportamiento perfectamente registrados en los estudios cualitativos.

Además de certificar el PM, otros indicadores muy importantes son recogidos, como el nivel de sincronismo entre hemisferios y la lateralidad funcional (izquierdo versus derecho).

La metodología utilizada para los estudios EEG contemplan desde meditadores con una experiencia de solo ocho semanas de práctica regular de meditación avanzada (meditación con mantra, en silencio y ojos cerrados) con acumulaciones sobre los mil ochocientos minutos (treinta horas) de práctica, hasta meditadores con un año de experiencia regular, que acumulan una media de quince mil minutos (doscientas cincuenta horas) de meditación. Estos meditadores pertenecen a distinto género, edades y estilos de vida.

Los periodos de lectura van entre veinticinco a cincuenta minutos, dependiendo del tipo de programa en meditación. Los programas de veinticinco minutos son de meditación pura. Los de cincuenta minutos contemplan la práctica combinada con técnicas superiores[13], la cual conlleva e incluye elementos que incrementan la actividad de concentración.

Se han realizado mediciones con los ojos abiertos y en actividad, con los ojos cerrados y sin meditación (reposo), durante el periodo de meditación, a la salida con los ojos cerrados sin meditación durante el descanso, para finalizar con apertura de ojos y vuelta a la actividad. También en las lecturas más largas de programas superiores de meditación. La metodología contempla algunas fases más, en donde se combina el silencio profundo del estado de meditación con la integración de actividad mental focalizada y concentrada (creación de actividad desde el estado de meditación).

Las mediciones se han realizado con equipos de EEG de categoría clínica de ocho canales y con equipos más sencillos, de cuatro canales, que son más fáciles de usar, pero que han producido los mismos resultados esperados y observados para el propósito de certificar que los sujetos ha desarrollado la habilidad de generar el PM. Hablaremos en específico de los equipos utilizados más adelante.

Cuando observamos el PM de un meditador con mil ochocientos minutos de meditación realizados a lo largo de ocho semanas, vemos que ha desarrollado la habilidad de reducir la actividad de manera muy significativa representada por las ondas gamma y beta. Durante los primeros dos minutos con los ojos abiertos, a pesar de que la persona está tranquila, pues se encuentra sentada, se mantiene activa con ojos abiertos y respondiendo a preguntas.

Se observan niveles de actividad gama y beta. Cuando cierra los ojos, descienden los niveles de actividad, y cuando empieza el proceso de meditación, las ondas gamma y beta se mantienen en niveles más bajos y la onda alfa aparece con una fuerte estabilidad durante todo el periodo y presenta niveles de incremento de potencia, amplitud e intensidad.

En el momento del inicio de la redacción de la presente obra (enero 2021), dispongo de más de setenta registros EEG realizados durante un periodo de dos años. Todos los meditadores medidos presentan PMs que repiten el comportamiento y corroboran los resultados de manera consistente.

Seguidamente se presentan un conjunto, a modo de ejemplo de registros EEG, con el objetivo de ilustrar y explicar los resultados encontrados: siete son de meditación pura, dos son registros adicionales que incluyen técnicas superiores y un estudio sobre el autor. También se incluye un estudio sobre la frecuencia cardíaca, presión arterial y frecuencia respiratoria.

Los registros obtenidos de las lecturas EEG del lóbulo frontal, contienen gráficas de ondas cerebrales de personas de distinto género, edad y experiencia acumulada en meditación – valores de potencia absolutos de las ondas cerebrales gamma, beta y alfa, basadas en la densidad espectral de potencia (PSD)[14] de los datos de EEG de cada canal. Los valores PSD del EEG son leídos desde los sensores en el rango {-1:+1}; expresados en el gráfico para facilitar la lectura en rango {0:100}. También valores de media relativa de las ondas por sesión.

Con relación al dispositivo utilizado para las mediciones, en los ejemplos que se presentan, es un módulo de bajo coste (MUSE™) de cuatro canales dispuesto en configuración frontal. Produce mediciones EEG continuas y estas son componentes de frecuencia similares en comparación con sistemas EEG de grado clínico o/y de investigación con más de 50 canales. Lejos de ser un equipo de alta precisión, se ha mostrado más que suficiente para el propósito de comprobar y presentar los cambios generales durante el programa de meditación comparado con estados de reposo, y para certificar el patrón de meditación avanzada de manera consistente con los resultados arrojados por estudios publicados con equipos de categoría clínica y científica[20].

Los registros que incluyen técnicas superiores (siddhis) y corresponden a sesiones de cincuenta minutos, son casos de meditadores con más de un año de experiencia y que han cursado el ciclo superior de meditación en un programa que incluye técnicas superiores de meditación en donde se integran procesos de concentración desde el estado de meditación. Integración de trascendencia y actividad, mencionada anteriormente.

Los niveles de potencia son expresados en decibelios dB[14].

Registros EEG de meditación (20 minutos por sesión)

Persona A1 (MV)*: mujer de 29 años. 1.725 minutos acumulados de práctica de meditación hasta el momento de realizarse el registro EEG. Experiencia en meditación: 8 semanas. Potencia media alfa 72.6dB, 59.6dB beta y 42.5dB gamma. Profesión: Doctora en Quiropráctica.

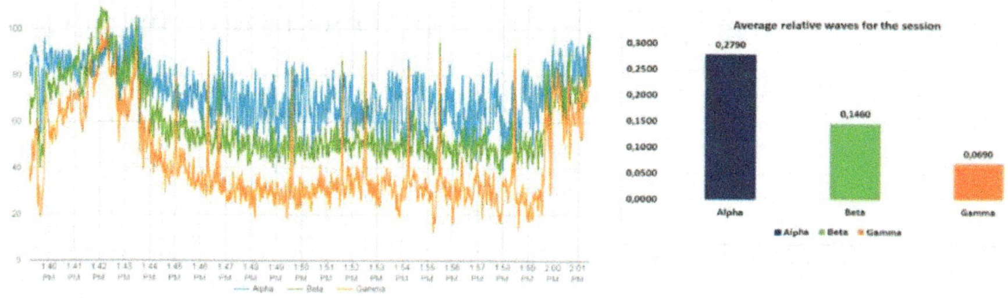

Figura 23: Gráfico cerebral EEG

*Las siglas son iniciales del nombre y primer apellido, para facilitar al autor su identificación y ordenación. Todos los ejemplos presentados siguen esta pauta.

PM caracterizado por la reducción de la actividad gamma y beta, mientras se produce un fuerte incremento de amplitudes e intensidades alfa.

Persona A2 (MS): hombre de 77 años. 2.788 minutos acumulados de práctica de meditación hasta el momento de realizarse el registro EEG. Experiencia en meditación: 10 semanas. Potencia media alfa 64.1dB, 51.3dB beta y 38.8dB gamma. Profesión: Doctor en Medicina y Cirugía.

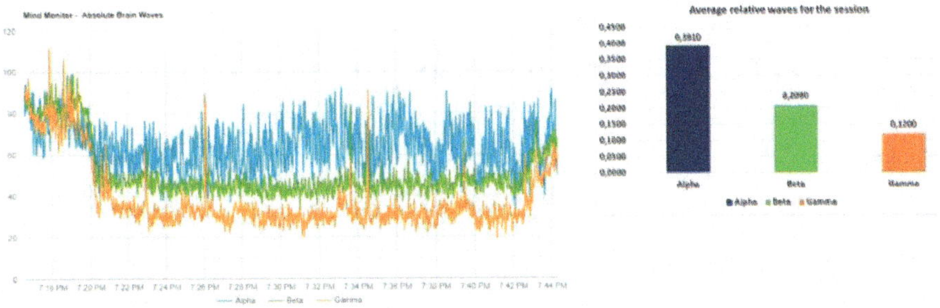

Figura 24: Gráfico cerebral EEG

Fuerte dominio del PM. Reducción drástica de la actividad gamma y beta, seguido de un fuerte incremento de actividad alfa en el lóbulo frontal.

Persona A3 (JS): hombre de 50 años. 2.738 minutos acumulados de práctica de meditación hasta el momento de realizarse el registro EEG. Experiencia en meditación: 10 semanas. Potencia media alfa 85.3dB, 49.3dB beta y 33.5dB gamma. Profesión: Odontólogo.

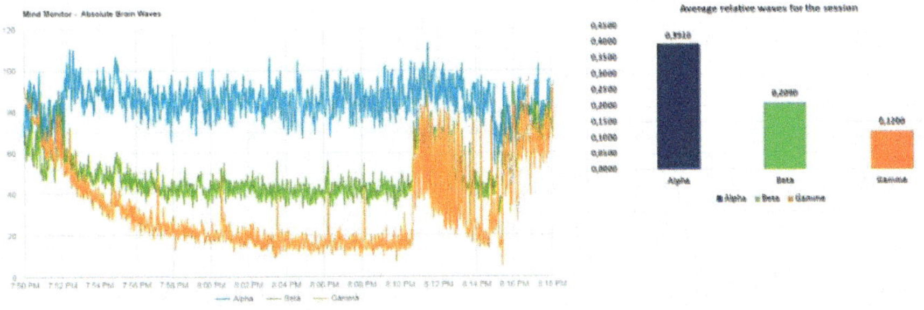

Figura 25: Gráfico cerebral EEG

Al final de la meditación, se produce una conversación para comentar la práctica: los registros revelan un fuerte incremento de amplitudes gamma y beta. Mantiene la actividad alfa después de la meditación, una vez incorporado a la actividad.

Persona A4 (MA): mujer de 76 años. 3.060 minutos acumulados de práctica de meditación hasta el momento de realizarse el registro EEG. Experiencia en meditación: 10 semanas. Potencia media alfa 84.1dB, 60.8dB beta y 43.4dB gamma. Profesión: Enfermera (jubilada).

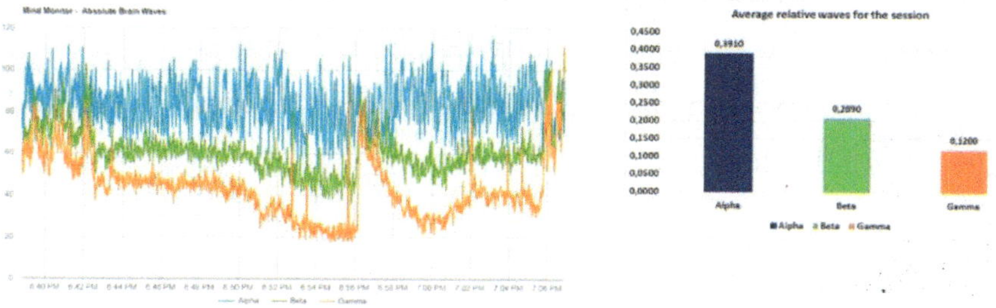

Figura 26: Gráfico cerebral EEG

El pico de incremento de actividad en el minuto 56 corresponde a una interrupción inesperada durante la sesión (timbre sonoro fuerte); se observa tanto la sensibilidad y reacción instantánea de la actividad cerebral al evento inesperado, como la rápida recuperación del PM. Ver el detalle de la onda alfa que continúa casi imperturbable a pesar del evento.

Persona A5 (AC): hombre (joven) de 18 años. 840 minutos acumulados de práctica de meditación hasta el momento de realizarse el registro EEG. Experiencia en meditación: 8 semanas. Potencia media alfa 76.3dB, 73.4dB beta y 38.3dB gamma. Profesión: Estudiante preuniversitario.

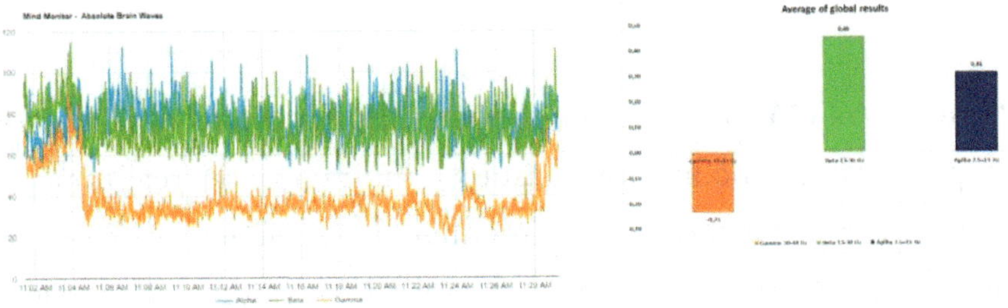

Figura 27: Gráfico cerebral EEG

Aunque se genera el PM, el sujeto muestra reducción clásica de actividad gamma, su nivel de actividad beta es más alto; puede ser, en este caso, por un menor dominio de la práctica, combinado con un estado de alerta y atención.

Persona A6 (SG): mujer 47 años. 2.019 minutos acumulados de práctica de meditación hasta el momento de realizarse el registro EEG. Experiencia en meditación: 9 semanas. Potencia media alfa 73.3dB,; 56.9dB beta y 35.7dB gamma. Profesión: Directora General.

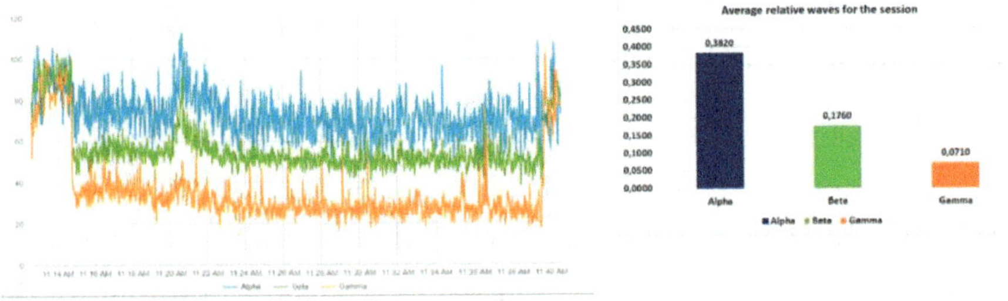

Figura 28: Gráfico cerebral EEG

Clásico PM muy bien definido, que demuestra una gran habilidad en silenciar la actividad gamma y beta de manera estable durante todo el periodo de meditación. Se observa un potente patrón alfa con grandes amplitudes e intensidades.

Persona A7 (MC): hombre 59 años. 2.378 minutos acumulados de práctica de meditación hasta el momento de realizarse el registro EEG. Experiencia en meditación: 9 semanas. Potencia media alfa 62.0dB, 56.0dB beta y 38.5dB gamma. Profesión: Director Comercial.

Figura 29: Gráfico cerebral EEG

Clásico PM muy bien definido, igual que el anterior, demuestra una gran habilidad en silenciar la actividad gamma y beta de manera estable durante todo el periodo de meditación. Se observa un potente patrón alfa con grandes amplitudes e intensidades.

—

En todos los casos, se puede observar: un perfecto dominio del PM. En el momento en el que se inicia el proceso de meditación, con los ojos cerrados y se emprende la repetición silenciosa del mantra. Se observa cómo los niveles de potencia (dB) de las ondas gamma y beta asociadas a la actividad se reducen drásticamente y así se mantienen todo el periodo de duración de la práctica hasta la salida, momento en el que se recuperan los niveles de actividad gamma y beta. La onda alfa se mantiene estable con un nivel alto de potencia (dB) durante todo el periodo. Puede observarse el fuerte incremento de amplitudes e intensidades en estado de reposo profundo en los canales derecho (AF8) e izquierdo (AF9) del lóbulo frontal. Este hecho sugiere un fuerte incremento de la interoperación del córtex prefrontal, donde se alojan las funciones cognitivas superiores.

Uno de los elementos observados es el mantenimiento de las amplitudes e intensidades de las ondas alfa cuando el sujeto ya ha finalizado la meditación, durante el periodo de descanso con los ojos cerrados.

Registros EEG de meditación incorporando técnicas superiores (50 minutos por sesión)

Persona A8 (BM): mujer de 50 años. Más de 12.000 minutos (periodo de 14 meses) acumulados de práctica de meditación hasta el momento de realizarse el registro EEG. Potencia media alfa 77.0dB, 69.9dB beta y 54.3dB gamma. Profesión: Funcionaria Administración Pública - Dirección.

El registro incluye tiempo de meditación y tiempo de técnicas superiores de meditación (siddhis) en la que intervienen procesos de concentración en estado de meditación.

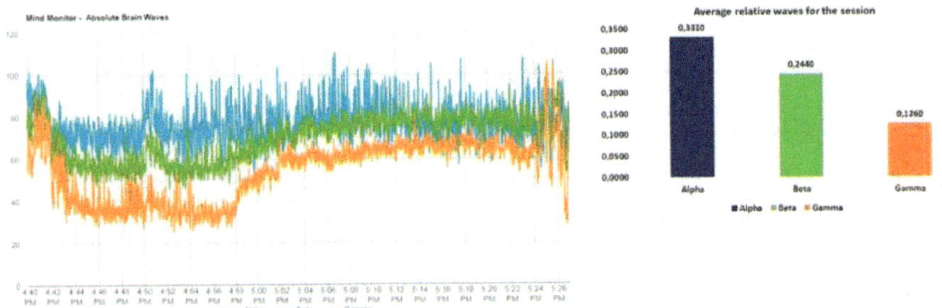

Figura 30: Gráfico cerebral EEG

El gráfico muestra cómo se reproduce el PM durante el periodo de meditación hasta el minuto cincuenta y ocho (transcurridos los veinte minutos de meditación); el sujeto introduce técnicas superiores en las que interviene procesos de concentración manteniendo los ojos cerrados. La actividad gamma y beta se incrementa. Se puede apreciar el fuerte incremento en las amplitudes de la onda alfa, todo ello en estado de reposo y con los ojos cerrados.

Persona A9 (JFR): hombre de 63 años, Más de 14.500 minutos (periodo de 14 meses) acumulados de práctica de meditación hasta el momento de realizarse el registro EEG. Potencia media alfa 83.3dB, 51.0dB beta y 31.4dB gamma. Profesión: Empresario del sector headhunting (selección de talentos) de RRHH.

El registro incluye tiempo de meditación y tiempo de técnicas superiores de meditación (siddhis) en la que intervienen procesos de concentración en estado de meditación.

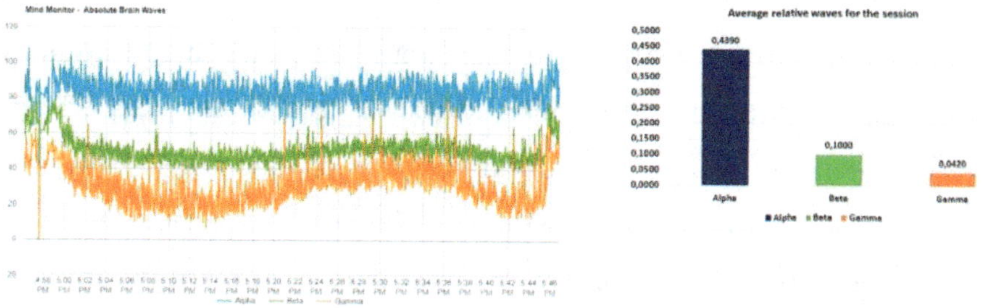

Figura 31: Gráfico cerebral EEG

El gráfico muestra cómo se reproduce el PM durante el periodo de meditación hasta el minuto veinte; el sujeto introduce técnicas superiores donde intervienen procesos de concentración manteniendo los ojos cerrados. Las actividades gamma y beta se incrementan siguiendo exactamente el mismo patrón. Se puede apreciar el fuerte incremento de las amplitudes de la onda alfa, todo ello en estado de reposo y con los ojos cerrados. Obsérvese el fuerte incremento de potencia de la onda alfa en todo el periodo y la belleza de la integración del estado de conciencia pura (onda alfa) con la actividad (beta y gamma).

Estos resultados, en su conjunto y a modo de ejemplo ilustrativo, forman parte del grueso de resultados de la franja central de una campana de distribución gaussiana (CG) de resultados con todos los estudios realizados.

Registros EEG de meditación (20 minutos): análisis espectral aislado de la onda alfa

En el próximo ejemplo, se presenta el espectro de la onda alfa registrado (fig. 32), perteneciente al patrón de la persona A1.

Se aprecia muy claramente el cambio de amplitudes e intensidades de la onda alfa durante todo el periodo de meditación. Se puede observar como en los dos primeros minutos, al inicio, cuando el sujeto todavía no está meditando, el PM es de menor amplitud e intensidad. Instantáneamente, cuando el sujeto empieza a meditar (minuto cuarenta y dos), se observa un cambio e incremento ligero de amplitudes e intensidades. A partir del minuto cuarenta y seis es cuando la fisiología se estabiliza y el sujeto entra en meditación profunda:

se puede observar un gran incremento del PM con grandes amplitudes e intensidades. Es muy relevante el mantenimiento del PM después de terminar la meditación, en el minuto cincuenta y ocho. Esto significa que el cerebro mantiene el nivel de actividad alfa después de la meditación. Los estados de claridad mental se mantienen después de cesar la práctica. Son llevados o se extiende sus efectos en la vida cotidiana. La neuroplasticidad del cerebro se construye sobre la regularidad en la práctica.

En el ejemplo señalado, se observa una gran amplitud en las ondas durante el periodo de práctica meditativa estabilizada. Es resultado de la interferencia constructiva de las neuronas, que oscilan en el rango alfa, e indica que todo el frente del cerebro está oscilando bajo esa frecuencia. El patrón de EEG se mantiene estable durante toda la tarea. Esto indica que la actividad alfa se ha convertido en el fondo permanente del funcionamiento del cerebro.

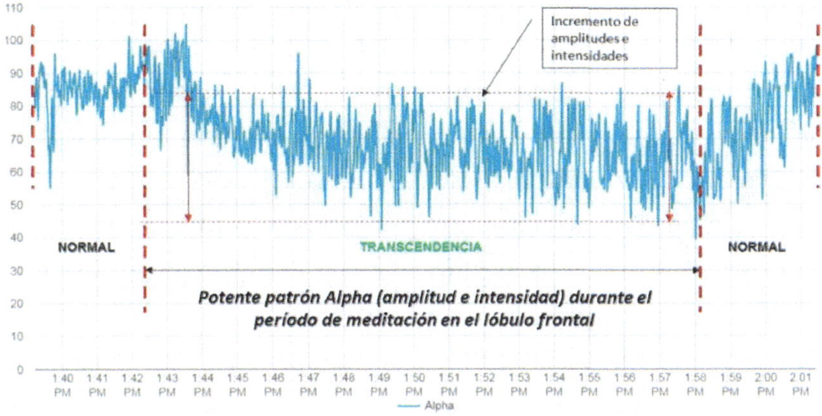

Figura 32: Gráfico cerebral EEG

Debido a que la banda de frecuencia alfa está relacionada con la experiencia subjetiva de transcender, la experiencia de la conciencia pura, el patrón cerebral frontal sugiere que la experiencia subjetiva de transcender, también se mantiene en la actividad, traduciéndose en una forma holística, integrada y global de ver la realidad y el mundo. Esto es especialmente relevante si se tiene en cuenta que el modelo se reproduce y se mantiene periódicamente a lo largo de días, semanas y meses.

Otro indicador muy relevante de señalar es el nivel de sincronismo entre hemisferios.

Varios expertos en física, antropología, pediatría y resonancia magnética de centros de investigación de China y USA, sugieren que una buena conexión entre hemisferios puede tener que ver con nuestro nivel de inteligencia. Un estudio de colaboración realizado por estos expertos sobre el cerebro de Einstein (publicado el 2014 en la revista de neurología BRAIN) tenía como objetivo determinar la relación de su extraordinaria inteligencia con la morfología de su cerebro. Se encontró que el cerebro de Einstein tenía un extraordinario desarrollo de la corteza prefrontal, y que las porciones inferiores de la primaria somatosensorial y las cortezas motoras se expandieron mucho en el hemisferio izquierdo. Los hallazgos del trabajo también muestran que la comunicación entre hemisferios puede tener un papel relevante en los dones intelectuales en las personas. La tesis concluye que se encontró un desarrollo mayor del cuerpo calloso de Einstein en comparación con personas más jóvenes del grupo de control. Los expertos aseguran que el cuerpo calloso es el haz de fibras nerviosas más grande que conecta las regiones corticales de los hemisferios cerebrales en el cerebro humano y juega un papel fundamental en la integración de la información, transferida entre los hemisferios, a través de miles de axones.

Los resultados expuestos indican que los dones intelectuales de Einstein no estaban solo relacionados con las características específicas de los plegados corticales y la citoarquitectura en ciertas regiones de su cerebro, sino también con el nivel de **comunicación coordinada** entre hemisferios[15].

Otro indicador observado en los registros EEG de meditadores es el nivel de lateralidad. Este indicador puede estar relacionado con la manera predominante de aproximarse a los retos que realizan las personas.

Análisis del sincronismo y lateralidad entre hemisferios

Veamos los niveles de sincronismo entre hemisferios de los ejemplos señalados.

A1 (MV): media 97.8%; **alfa 96.6%**; nivel de lateralidad 4% hemisferio derecho.

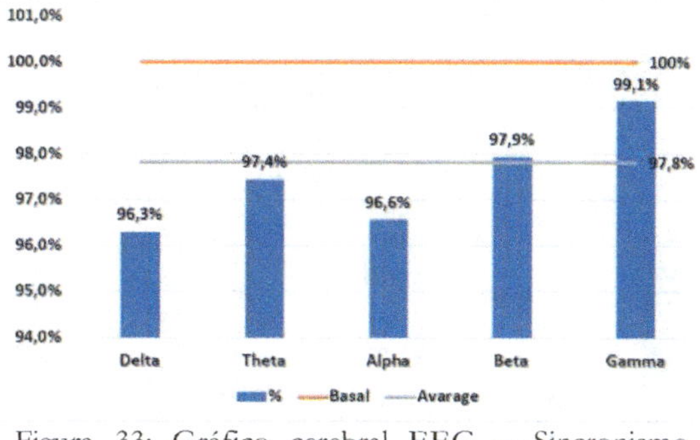

	Left	Right
Delta	78,401	82,096
Theta	55,153	57,705
Alpha	70,953	74,378
Beta	58,699	60,757
Gamma	43,076	42,222
	61,2564	**63,4316**

Figura 33: Gráfico cerebral EEG – Sincronismo hemisferio izquierdo vs. derecho

A2 (MS): media 95.5%; **alfa 94.3%**; nivel de lateralidad < 1% hemisferio izquierdo.

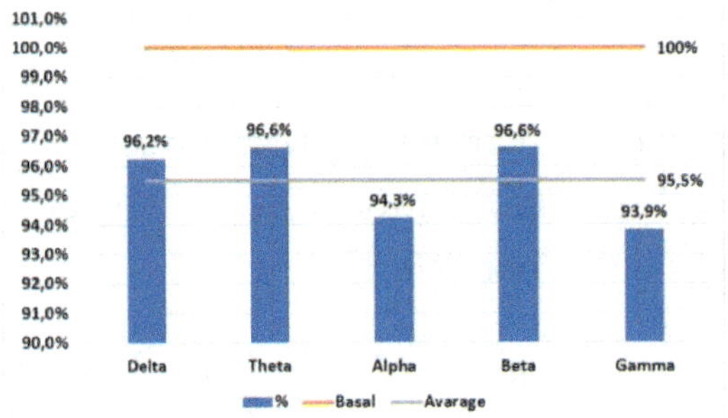

	Left	Right
Delta	45,55	41,798
Theta	39,386	35,997
Alpha	67,125	61,375
Beta	49,75	53,145
Gamma	35,896	42,04
	47,5414	**46,871**

Figura 34: Gráfico cerebral EEG – Sincronismo hemisferio izquierdo vs. derecho

A3 (JS): media 99.3%; **alfa 98.4%**; nivel de lateralidad 0%.

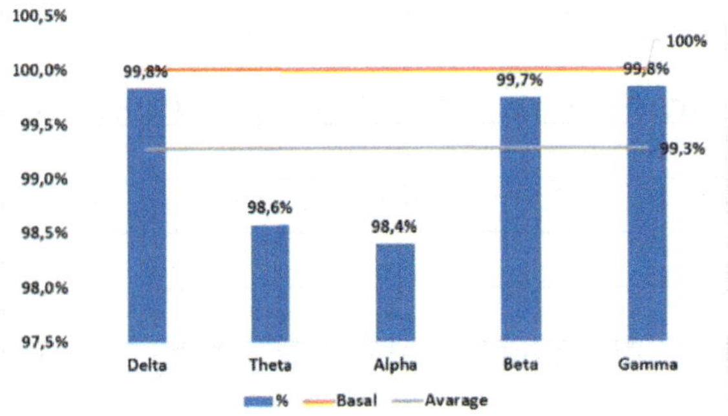

	Left	Right
Delta	65,708	65,877
Theta	70,736	72,162
Alpha	86,282	84,679
Beta	49,263	49,52
Gamma	33,742	33,585
	61,1462	**61,1646**

Figura 35: Gráfico cerebral EEG – Sincronismo hemisferio izquierdo vs. derecho

A4 (MA): media 96.9%; **alfa 97.8%**; nivel de lateralidad 0%.

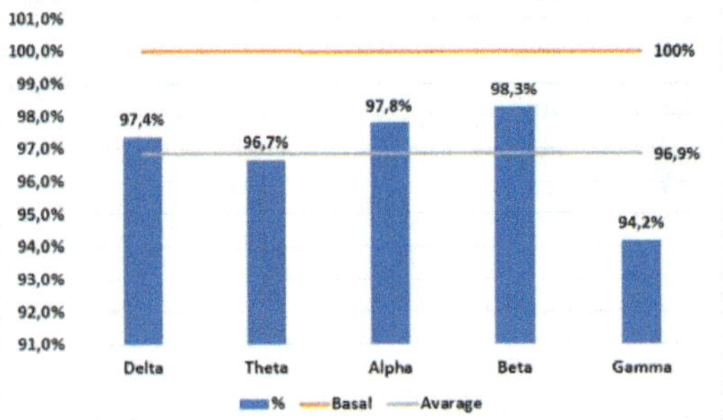

	Left	Right
Delta	65,103	62,46
Theta	64,703	61,361
Alpha	85,352	83,142
Beta	60,081	61,81
Gamma	40,668	46,48
	63,1814	**63,0506**

Figura 36: Gráfico cerebral EEG – Sincronismo hemisferio izquierdo vs. derecho

A5 (AC): media 94.6%; **alfa 97.7%**; nivel de lateralidad < 5% hemisferio derecho.

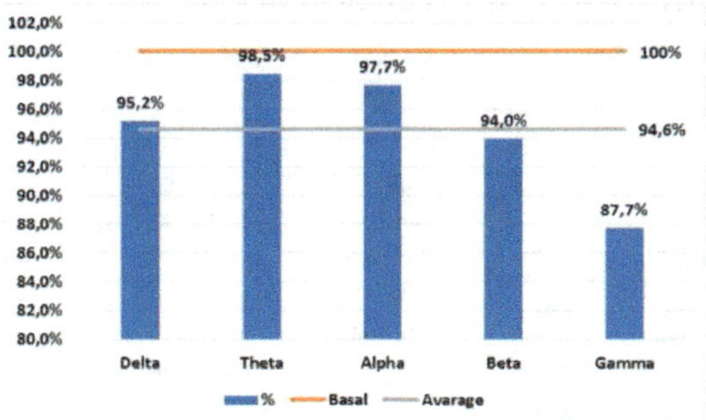

	Left	Right
Delta	51,371	56,181
Theta	51,216	52,760
Alpha	75,163	77,480
Beta	70,537	76,560
Gamma	32,412	44,678
	56,1398	**61,5318**

Figura 37: Gráfico cerebral EEG – Sincronismo hemisferio izquierdo vs. Derecho

A6 (SG): media 96.8%; **alfa 97.7%**; nivel de lateralidad < 1% hemisferio izquierdo.

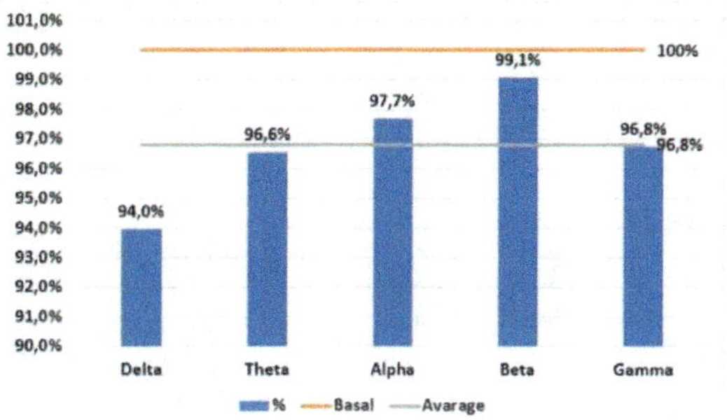

	Left	Right
Delta	64,141	58,112
Theta	52,467	49,037
Alpha	72,227	74,522
Beta	56,377	57,284
Gamma	34,249	37,496
	55,8922	**55,2902**

Figura 38: Gráfico cerebral EEG – Sincronismo hemisferio izquierdo vs. derecho

A7 (MC): media 97.1%; **alfa 96.1%**; nivel de lateralidad < 5% hemisferio izquierdo.

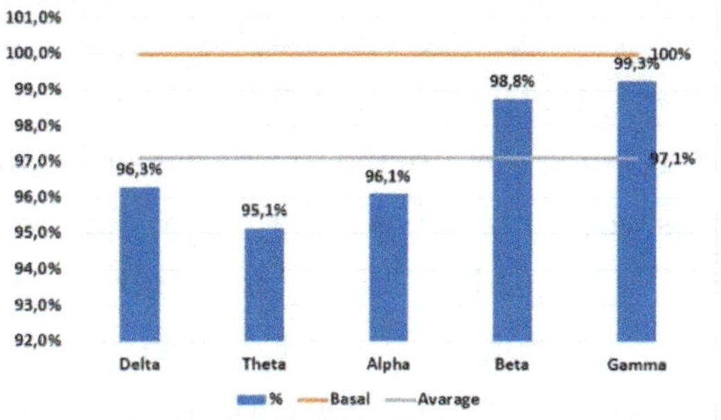

	Left	Right
Delta	55,309	51,621
Theta	45,179	40,326
Alpha	64,133	60,228
Beta	56,739	55,493
Gamma	38,263	39,006
	51,9246	**49,3348**

Figura 39: Gráfico cerebral EEG – Sincronismo hemisferio izquierdo vs. derecho

A8 (BM): media 98.4%; **alfa 96.3%**; nivel de lateralidad < 2% hemisferio derecho.

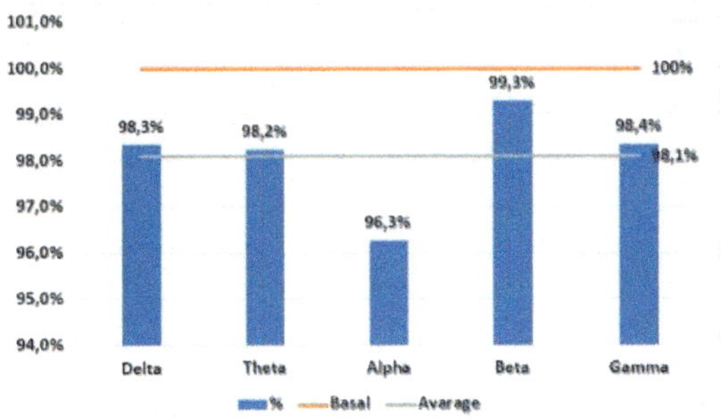

	Left	Right
Delta	57,359	59,011
Theta	54,943	56,716
Alpha	75,295	79,027
Beta	70,434	69,72
Gamma	55,213	53,563
	62,6488	**63,6074**

Figura 40: Gráfico cerebral EEG – Sincronismo hemisferio izquierdo vs. derecho

A9 (JFR): media 98.9%; **alfa 98.2%**; nivel de lateralidad < 2% hemisferio izquierdo.

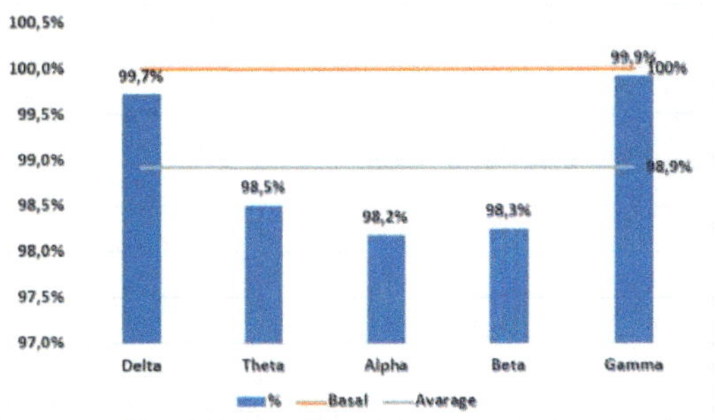

	Left	Right
Delta	67,391	67,118
Theta	65,289	63,793
Alpha	84,291	82,477
Beta	52,002	50,253
Gamma	31,548	31,468
	60,1042	**59,0218**

Figura 41: Gráfico cerebral EEG – Sincronismo hemisferio izquierdo vs. derecho

Combinado con los estudios cualitativos (conductuales), se ha hallado una relación de los niveles de sincronismo con la respuesta emocional y los niveles de ansiedad. Personas con niveles "bajos" de sincronismo, por debajo del 96% parecen sufrir de un estado mayor de ansiedad. Por el contrario, los sujetos que se mantienen por encima del 96% de sincronismo parecen presentar mayor resistencia. Aquellas personas con niveles superiores de sincronismo del 99% expresan que experimentan un nivel de libertad en su día a día: ven los escenarios potenciales y generadores de ansiedad, observan la ansiedad, pero se sienten libres de ella, nunca parece alcanzarles.

Estos hallazgos necesitan ser estudiados más a fondo. Los resultados apuntan tres líneas de estudio:

(1) El nivel de sincronismo en las ondas alfa, beta y gamma; estas ondas son las que están más relacionadas con los niveles de actividad del estado de vigilia.

(2) Los niveles de sincronismo entre ondas alfa, theta y eventualmente delta relacionadas con estados de conciencia pura (estados alterados de conciencia) en estado de vigilia.

(3) La integración de los resultados con los estados de profundo silencio interior durante la creación de actividad focalizada en meditación y técnicas superiores.

Los resultados obtenidos parecen sugerir que la persona que medita aprovecha mejor sus recursos físicos (mecanismos neurofuncionales) para responder a los retos diarios y está menos expuesto a cargas y estrés emocional generado por sobreactuaciones o reacciones exageradas y desmedidas como respuesta a la acción del entorno y a los desafíos que puedan plantearse. Mantiene un mayor nivel de autocontrol emocional.

La media global (fig. 42) del nivel de sincronismo de los meditadores en los que se ha realizado un registro EEG, en la muestra para el propósito del estudio (r=30), con independencia de sus niveles de experiencia, es del 96.6% y la edad media de los participantes es de 48 años.

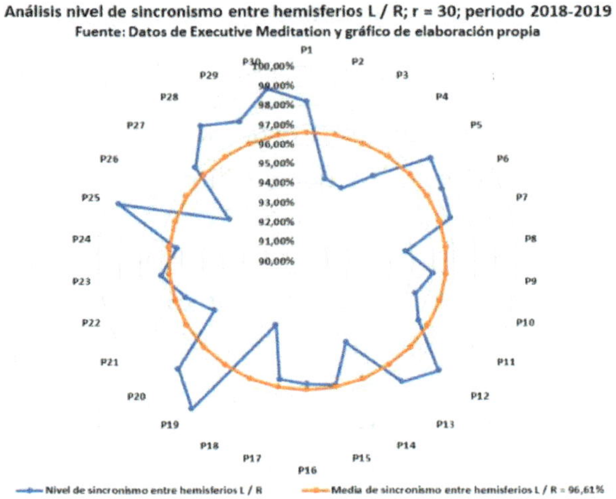

Figura 42: Análisis nivel sincronismo entre hemisferios L/R

Los niveles altos de sincronismo y potencia (dB) en la onda alfa en lóbulo frontal (córtex prefrontal) sugiere altos niveles de neurocomunicación en amplias regiones corticales y subcorticales, conectadas con procesos como la atención y la cognición. Estos resultados sobre el nivel del sincronismo parecen estar muy vinculados a una gran estabilidad en la respuesta emocional, reducción de la ansiedad ante desafíos y retos, acorde a lo que expresan las personas analizadas. Estos descubrimientos sugieren un mayor aprovechamiento de la potencia de interoperación. En definitiva, de los recursos movilizados del cerebro.

Sin embargo, estos hallazgos preliminares recomiendan la imperiosa necesidad de continuar la inversión en investigación y análisis en este campo de la neurofisiología de la meditación.

La lateralidad es otro aspecto que debe ser analizado y que también necesita de mayor trabajo. Los primeros hallazgos sugieren que las personas con lateralidades del < 1% o 0% tienen una aproximación a la vida equitativa, tanto lógica como espacial.

La lateralidad no parece impedir los altos niveles de rendimiento y aprendizaje según estudios científicos realizados, por ejemplo, en el campo del bilingüismo. Sin embargo, estos estudios sugieren que las diferencias son más bien cuantitativas, con relación al grado de participación de los mecanismos neurofuncionales[16].

La experiencia subjetiva de los individuos con lateralidad mayor, por encima del 2%, expresan que reconocen su tendencia a una aproximación a la vida más analítica y lógica (hemisferio izquierdo) o más creativa e imaginativa (hemisferio derecho).

Análisis de frecuencia cardíaca (FC) y frecuencia respiratoria (FR)

También he llevado a cabo estudios sobre la frecuencia cardíaca , presión arterial (PA) y la frecuencia respiratoria durante la meditación.

En el siguiente gráfico (fig.43) podemos observar la relación entre la **FC** y la **FR** antes, durante y después de la práctica meditativa.

Análisis de la frecuencia cardiaca (FC)

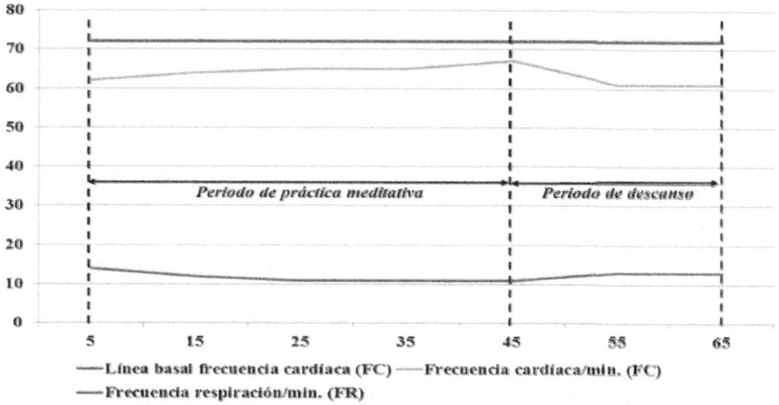

Figura 43: Análisis FC vs FR

La línea basal de frecuencia cardíaca queda establecida en la primera medida antes de comenzar el registro; en el ejemplo, a 72 pulsaciones por minuto (ppm). Como se puede ver en el gráfico, la FC en el periodo inicial de cinco minutos (cuando se realiza una actividad de prāṇāyāma específica: inspiraciones y expiraciones secuenciales lentas y sin retención por fosa nasal) indica una reducción sobre la basal, que significa una relajación muscular, y que se mantiene a lo largo de todo el registro.

En el periodo de meditación (cuarenta minutos) se observa un incremento de la FC, pero dentro del estado de relajación. Este incremento parece indicar un aumento de actividad física, pero obviamente no muscular, que interpretamos como un incremento de la actividad cerebral también reflejada en los EEG. Incremento en las ondas alfa; por lo tanto, sugiere un aumento del flujo sanguíneo. Se sabe que los estados de conciencia plena están relacionados con incrementos de serotonina y dopamina. Los cambios emocionales intensos de felicidad y libertad que se experimenta en estados de meditación (conciencia plena) estimulan el sistema simpático y son responsables del aumento de la actividad cardíaca y el incremento del consumo de energía por parte del cerebro.

Este punto es muy relevante y consistente con las referencias publicadas. En el período de descanso, se observa un descenso de la FC, lo que indica una relajación de la actividad cerebral, que coincide con el fin de la meditación.

La frecuencia respiratoria es totalmente consistente con el resultado de la FC, ya que lo esperado es la inversa de la FC. Como se puede ver en el gráfico, durante el periodo de meditación se reduce el consumo de oxígeno, lo que corresponde a un incremento de la relajación y cese de actividad física muscular.

Análisis de la presión arterial (PA)

La línea basal de la PA (alta / baja) se ha establecido antes del inicio del periodo. Como se puede ver, se trata de valores dentro de la normalidad; de hecho, considerados óptimos (valores normales, entre 90/60 y 130/80 mmHg y óptimos, menos de 120/80 mmHg). Observamos en el gráfico que, durante el periodo de meditación, hay un incremento de la PA dentro de valores normales y, por lo tanto, no se ve ningún riesgo.

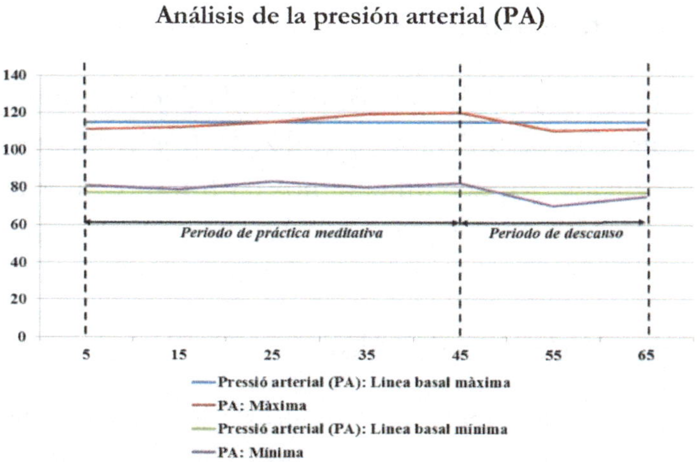

Figura 44: Análisis PA (alta/baja)

Esta lectura es altamente consistente con el aumento de la FC mencionada en el gráfico anterior, lo cual significa un incremento de la actividad no muscular, relacionada con el aumento de actividad cerebral. Durante el descanso, hay un descenso de la PA que mejora el estado óptimo. Este pico de descenso de la PA durante el tiempo de descanso es particularmente interesante, ya que es claramente un fruto de la práctica de la meditación y señala la consolidación del bienestar físico en el descanso. Sabemos que se corresponde a modificaciones del estado anímico concretadas con la reducción de la ansiedad, la depresión, la tristeza y la hostilidad. El cambio de PA en el descanso, marca una reducción media de 4,5 puntos, tanto en la presión sistólica como en la diastólica. Esto señala que, una vez practicada la meditación, la respuesta es altamente beneficiosa, y durante la práctica el aumento es siempre dentro de valores normales. Estos resultados son consistentes con estudios realizados y documentados sobre la meditación y la reducción de presión arterial.

—

Análisis de registro EEG sobre el autor

El autor también ha sido sujeto de estudio, como cabe esperar. Se presentan tres estudios: uno realizado por el autor con sus propios recursos, que denominaremos B1 Interno; y dos externos, llevados a cabo en dos periodos distintos, B2 Externo y B3 Externo.

B1 Interno (19 de abril de 2018)

El presente estudio (registros y análisis) sigue las pautas de los anteriores, recurriendo a la misma metodología y equipos.

El registro se realizó en las instalaciones de *Executive Meditation* en Barcelona. El equipo utilizado fue el dispositivo de InteraXon Inc® MUSE™ EEG de 4 electrodos (mencionado y usado en los ejemplos anteriores).

Veamos los resultados. Podremos compararlos con los de los sujetos anteriores, y con ello también se visualizará el impacto de la meditación en el rendimiento físico del cerebro tras años de práctica regular.

El autor (JMC): hombre de 54 años (en el momento del registro). > 10.000 horas (33 años de experiencia) realizadas hasta el momento de efectuarse el registro EEG. Potencia media alfa 100.5dB, 77.8dB beta y 43.7dB gamma. Profesión: empresario y profesor de técnicas avanzada y superiores (siddhis) de meditación.

El registro incluye tiempo de meditación pura y tiempo de uso de técnicas superiores denominada *siddhis* en las que intervienen procesos de concentración durante la práctica meditativa.

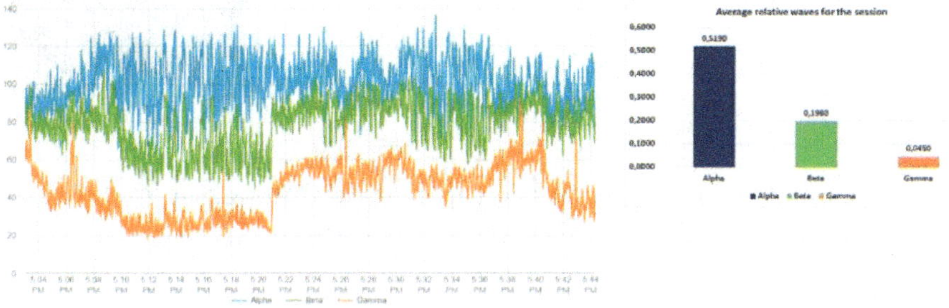

Figura 45: Gráfico cerebral EEG

El periodo del registro es de cuarenta minutos. Veinte minutos de meditación y quince minutos de técnicas superiores que implican actividad de concentración. En el gráfico se aprecia durante la meditación una fuerte reducción de actividad gamma y beta. También se aprecia el fuerte incremento de actividad alfa con grandes amplitudes e intensidades.

La potencia media registrada de toda la sesión en el espectro alfa es >100dB (100.544 dB). En el minuto veintiuno comienza el incremento de actividad gamma y beta debido al cambio y uso de las técnicas superiores. Estas técnicas desarrollan la habilidad de crear actividad desde el estado de la meditación. Se observa el sostenimiento dominante de la actividad alfa. El PM sugiere la capacidad de integración del silencio con la actividad.

La banda alfa presenta un incremento de amplitudes e intensidades muy significativo durante el periodo de meditación: obsérvese que también se mantiene después de la práctica durante el periodo de descanso (36' - final):

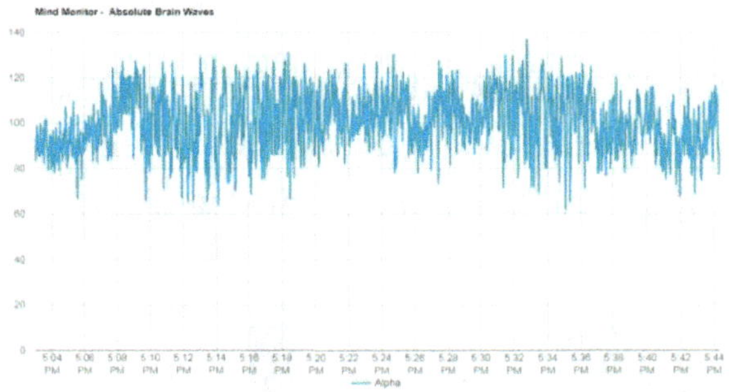

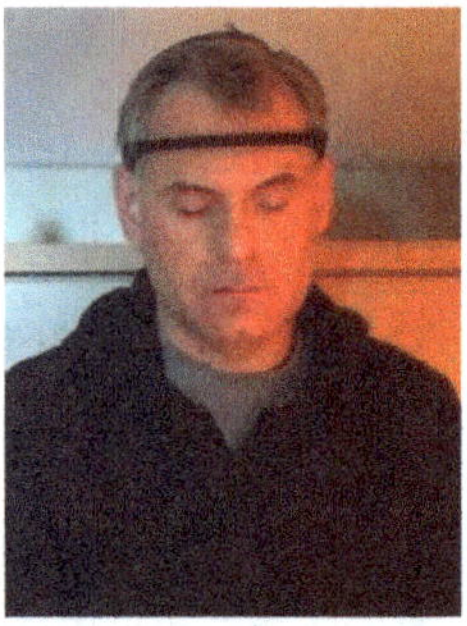

Figura 46: Gráfico cerebral EEG – onda alfa

Después de los primeros cinco minutos de práctica de meditación, se observa el fuerte incremento de la actividad alfa sostenida durante todo el periodo. Este incremento se produce en estado de reposo y es la base que potencia una neurogénesis y neuroplasticidad responsable de un impacto de espectro amplio en la vida cotidiana: la aproximación a los retos, el cambio de comportamiento y nuestra relación con el entorno.

El nivel de sincronismo y lateralidad:

Autor: media 97.5%; alfa 99.5%; nivel de lateralidad 3% hemisferio izquierdo.

Los niveles de sincronismo (fig. 47) en las ondas alfa y beta alcanzan niveles de 99.5% y 99.6%. El autor reconoce su tendencia a liberarse de la ansiedad. También de haber desarrollado la habilidad de crear actividad desde los estados de silencio profundo.

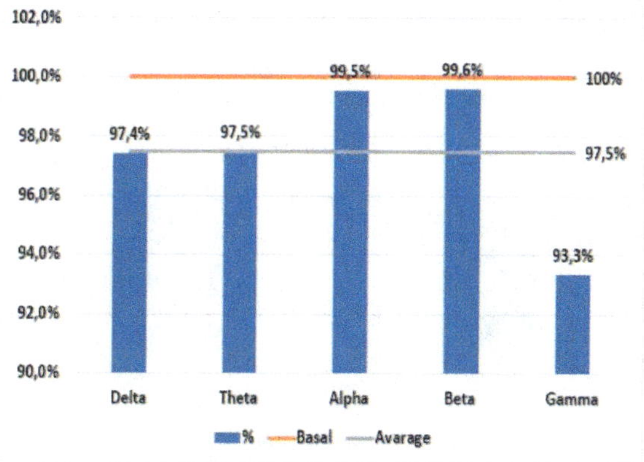

	Left	Right
Delta	64,644	62,066
Theta	69,319	66,805
Alpha	100,875	100,412
Beta	78,132	77,751
Gamma	47,12	40,462
	72,018	**69,4992**

Figura 47: Gráfico cerebral EEG – Sincronismo hemisferio izquierdo vs. Derecho

El autor también reconoce su aproximación a los retos y a la vida con una tendencia dominante al análisis y a la lógica (> 3% hemisferio izquierdo).

Uno de los aspectos diferenciales es el tiempo de práctica. Contribuye directamente a la neurogénesis del cerebro y a su neuroplasticidad, esa habilidad excepcional del cerebro para la reconstrucción y redefinición de redes neuronales, para adaptarse, cambiar y desarrollar estados superiores de conciencia.

El gráfico (fig. 48) muestra la comparativa entre un meditador experimentado (el autor en el gráfico: *benchmark*; con > 10.000 horas de práctica acumulada) y una muestra (r=30) de meditadores de experiencia variada del periodo 2018 al 2019. Puede observarse el nivel superior de potencia alfa durante el periodo de meditación del *benchmark* con relación a la muestra. También se observa la reducción de la actividad gamma y beta con relación a alfa.

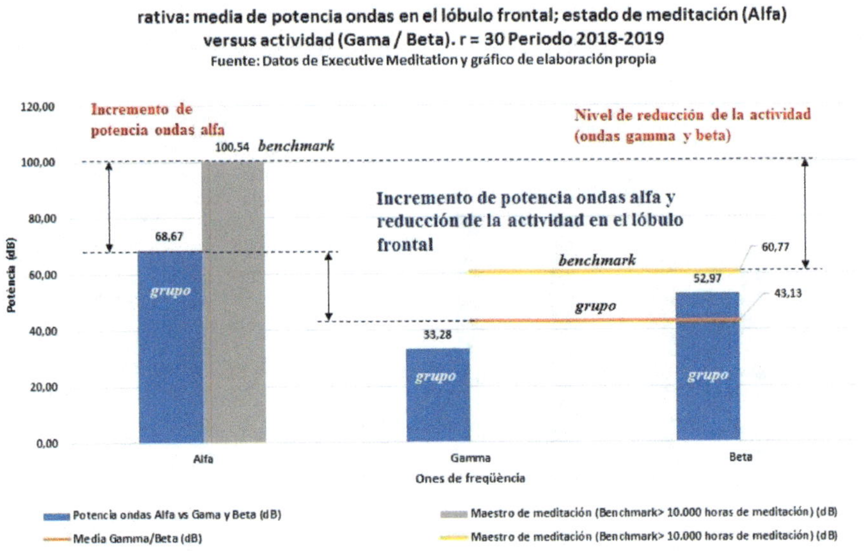

Figura 48: Gráfico comparativo grupo vs. Benchmark – actividad ondas alfa y beta/gamma

En el *benchmark* la potencia gama y beta es más alta, porque incorpora la comparativa actividad de técnicas superiores de meditación (siddhis), que incrementan las potencias gamma y beta. Esto significa que la experiencia acumulada se traduce en cambios físicos acumulados que afectan al rendimiento neurofisiológico del cerebro.

Los siguientes registros y estudios neurofisiológicos (B2 y B3) son **externos e independientes**, conducidos de manera rigurosa y realizados por cortesía del centro de psicología **Mental Area®** por parte del **Sr. D. Jaume Esteve**, Psicólogo de especialidad clínica, con habilitación sanitaria y experto en la técnica de neurofeedback de autorregulación EEG en Barcelona.

B2 Externo (09 de febrero de 2018)

El dispositivo utilizado fue un equipo NE neuroelectrics® NE-Enobio8 EEG de categoría clínica de 8 canales.

La configuración de electrodos fue frontal:

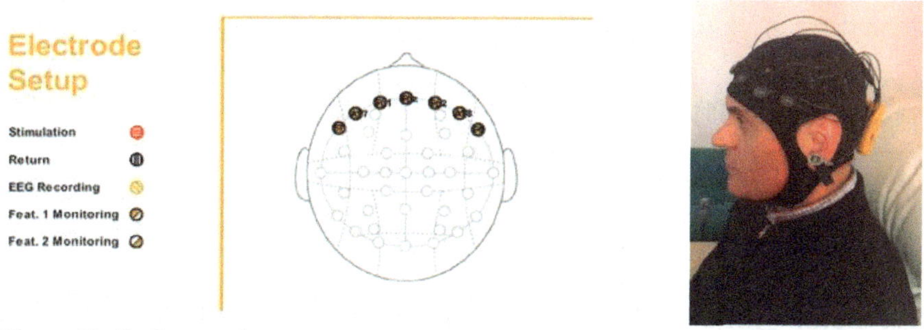

Figura 49: Gráfico cerebral EEG – configuración frontal de electrodos

El registro duró 13 minutos de meditación con los ojos cerrados.

Los resultados de potencia de las ondas alfa y theta fueron:

Feature 1 Session Results

Session Summary

Mean	2.078
(Std. Dev.)	1.762
Success	61%
Artifacts	1.3%

Feature 1 Session Statistics

Trial	Mean	Std. Dev.	Success	Artifacts
1	1.189	0.4708	40.8%	0%
2	1.539	0.8688	55.6%	0%
3	2.472	1.679	85.1%	0%
4	1.931	0.8433	76.8%	0%
5	1.852	2.719	54.5%	0%
6	3.037	2.326	83.7%	0%
7	2.58	2.012	72.5%	0%
8	2.85	3.017	72.8%	0%
9	1.751	1.652	41.4%	0%
10	2.342	2.034	60.7%	0%
11	1.418	0.7735	49.9%	0%
12	1.685	0.6623	73%	0%
13	2.37	3.849	32.1%	17%

Table - Session statistics for Feature 1

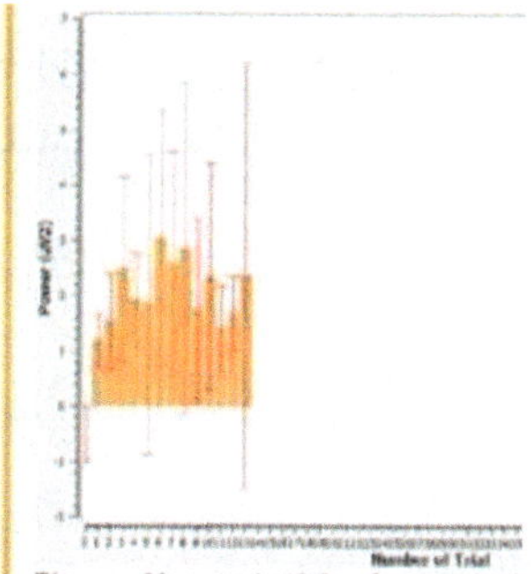

Figure - Mean and std dev. for each trial

Figura 50: Gráfico cerebral EEG

La media global de la sesión arroja una potencia media (μeV2) de 2.078. En el minuto seis alcanza el pico de potencia, 3.037. Obsérvese también el detalle de ausencia de la generación de "artefactos", lo que significa una total quietud física durante la sesión.

Los resultados de la onda gamma fueron:

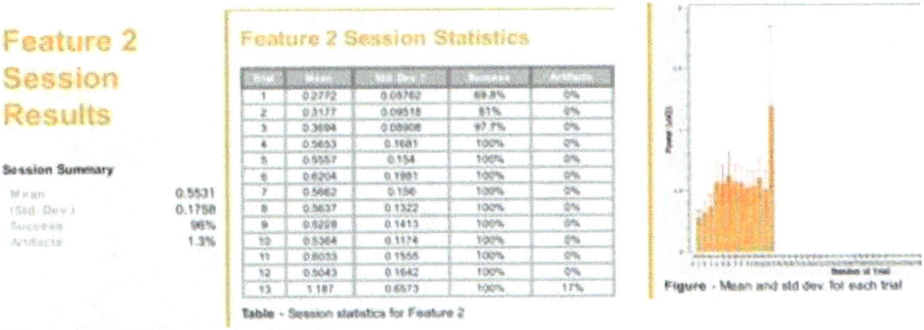

1	0.2772	0.05762	69.8%	0%
2	0.3177	0.09518	81%	0%
3	0.3694	0.08908	97.7%	0%
4	0.5653	0.1681	100%	0%
5	0.5557	0.134	100%	0%
6	0.6204	0.1981	100%	0%
7	0.5662	0.156	100%	0%
8	0.5637	0.1322	100%	0%
9	0.5298	0.1413	100%	0%
10	0.5364	0.1174	100%	0%
11	0.6033	0.1555	100%	0%
12	0.5043	0.1642	100%	0%
13	1.187	0.6573	100%	17%

Figura 51: Gráfico cerebral EEG

La media global de la sesión arroja una potencia media de 0.5531. En el minuto seis, alcanza el pico de potencia, 0.6204.

Se confirma plenamente el patrón de meditación (PM).

B2 Externo (05/02/2021)

El dispositivo utilizado fue un equipo NE neuroelectrics® NE-Enobio8 EEG de categoría clínica de 8 canales.

La configuración de posición electrodos internacional 10/10:

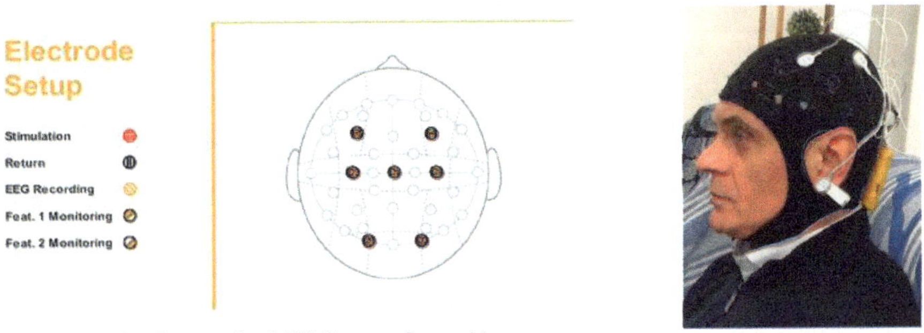

Figura 52: Gráfico cerebral EEG – configuración internacional de electrodos

El registro duró 20 minutos de meditación con los ojos cerrados.

Los resultados de potencia de las ondas alfa y theta fueron:

Feature 1 Session Results

Session Summary

Mean	2.517
(Std. Dev.)	2.001
Success	90%
Artifacts	0.017%

Feature 1 Session Statistics

Trial	Mean	Std. Dev. ?	Success	Artifacts
1	1.382	0.6013	76.2%	0%
2	2.438	2.262	89.1%	0%
3	2.015	1.134	90.4%	0%
4	2.438	1.744	91.7%	0%
5	3.668	3.519	97%	0%
6	1.915	1.099	86.7%	0%
7	2.102	1.523	85.8%	0%
8	3.074	2.511	96%	0%
9	3.36	3.303	92.7%	0.33%
10	2.958	2.469	93.5%	0%
11	3.434	3.748	80.8%	0%
12	2.171	1.603	89.5%	0%
13	1.824	1.549	84%	0%
14	2.499	1.12	100%	0%
15	2.102	1.486	87.4%	0%
16	2.367	1.425	97%	0%
17	2.756	2.17	99.5%	0%
18	2.376	1.766	92.8%	0%
19	3.046	2.53	96.3%	0%
20	2.432	2.461	80.6%	0%

Table - Session statistics for Feature 1

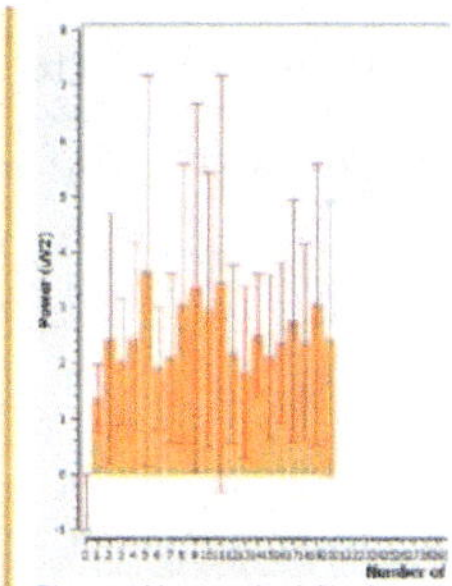

Figura 53: Gráfico cerebral EEG

La media global de la sesión arroja una potencia media de 2.517. En el minuto once, alcanza el pico de potencia, 3.434. Obsérvese también el detalle de ausencia de la generación de "artefactos", lo que significa una total quietud física durante la sesión.

Los resultados de la onda gamma fueron:

Feature 2 Session Results

Session Summary

Mean	0.3991
(Std. Dev.)	0.183
Success	1e+02%
Artifacts	0.017%

Feature 2 Session Statistics

Trial	Mean	Std. Dev. ?	Success	Artifacts
1	0.2011	0.03319	99.5%	0%
2	0.3576	0.3812	100%	0%
3	0.4277	0.5289	100%	0%
4	0.3882	0.09143	100%	0%
5	0.3498	0.081	100%	0%
6	0.3904	0.08542	100%	0%
7	0.3941	0.09942	100%	0%
8	0.3513	0.1112	100%	0%
9	0.4011	0.1388	98.2%	0.33%
10	0.3216	0.1457	95.2%	0%
11	0.7833	0.6417	98.3%	0%
12	0.6407	0.09854	100%	0%
13	0.4826	0.1794	100%	0%
14	0.3703	0.05391	100%	0%
15	0.3407	0.05765	100%	0%
16	0.3874	0.3498	100%	0%
17	0.3362	0.05863	100%	0%
18	0.3945	0.3785	100%	0%
19	0.2985	0.08516	100%	0%
20	0.3649	0.0814	100%	0%

Table - Session statistics for Feature 2

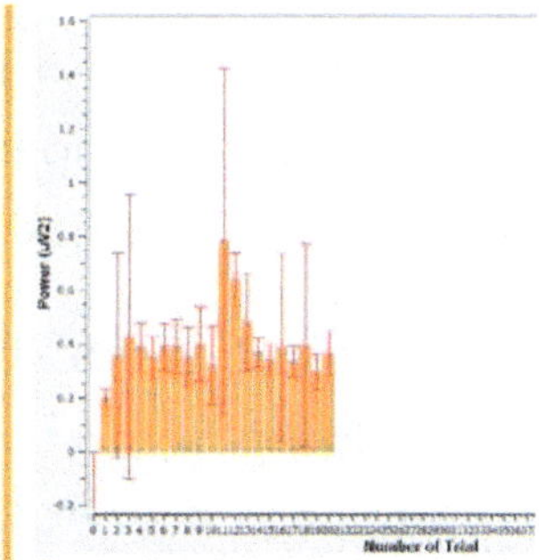

Figura 54: Gráfico cerebral EEG

La media global de la sesión arroja una potencia media de 0.3991. En el minuto once alcanza el pico de potencia, 0.7833.

Se confirma una vez más el patrón de meditación (PM).

Evolución del autor

En el gráfico (fig. 55) se puede observar una evolución del autor en el tiempo. Un incremento de la potencia alfa/theta (21%) y un mayor nivel de reducción de la actividad gamma (29%). Esto implica un incremento de la neuroplasticidad del cerebro.

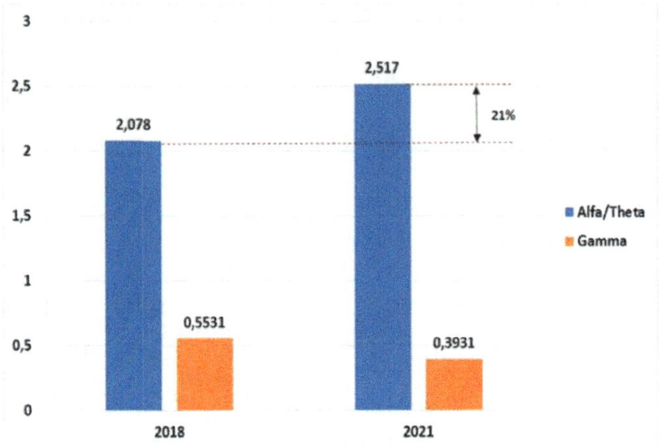

Figura 55: Gráfico cerebral EEG-evolución alfa/theta y gamma

Ello conlleva una mejora en los estados de conciencia asociados a estados de meditación profunda, relajación, calma y tranquilidad, y permite el proceso de focalización filtrando las distracciones, pensamientos y emociones. También demuestra la evolución de la neurofisiología en el tiempo, que es acumulativa.

Los resultados son totalmente consistentes con los resultados obtenidos con los sistemas y recursos propios del autor, y confirman la metodología completamente:

Alto nivel de potencia alfa/theta y reducción de la actividad gamma durante el periodo de meditación. La potencia alfa/theta sobrepasa la línea basal, establecida al inicio durante un periodo de NO meditación y en estado de reposo, en un porcentaje de éxito > 87%. Lo que significa que, durante la meditación, el patrón de meditación (PM), se (re)confirma de manera plena.

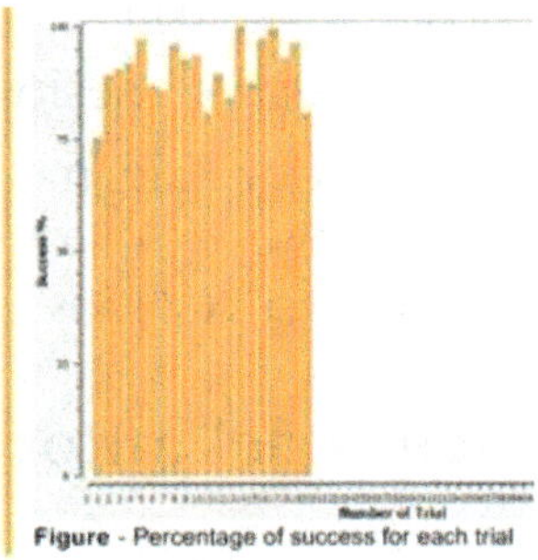

Figura 56: Gráfico cerebral EEG-potencia alfa/theta vs basal al inicio

Por último, el registro EEG del estado de meditación (imagen de mapeado cerebral):

Alfa: mayor actividad durante el periodo de meditación en el área prefrontal y temporal derecho

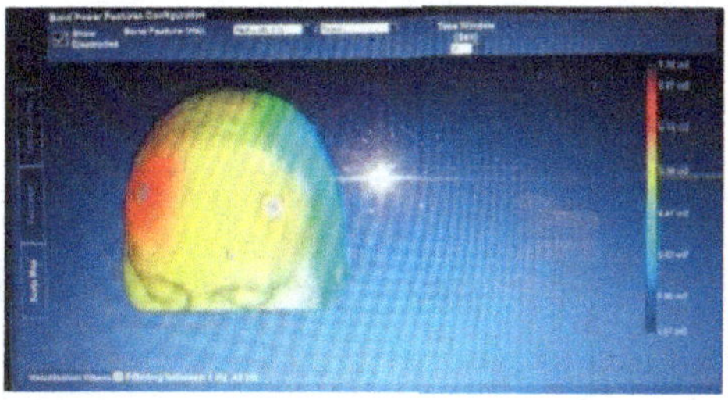

Figura 57: Gráfico cerebral EEG-mapeado cerebral

A modo de resumen, como reflexión final y más allá del detalle de resultados, creo que hemos avanzado muchísimo en la comprensión sobre el impacto de la meditación en la actividad del cerebro.

Impresiona ver los incrementos de actividad alfa y alfa/theta en el cerebro en estado de reposo físico (intenso). Elementos que son claramente contrapuestos.

Hemos visualizado la gran dificultad de comprender los distintos niveles de impacto de la práctica de la meditación en todas las áreas del cerebro. También la complejidad de las investigaciones. Se ha puesto de manifiesto la enorme cantidad de variables: tipos de meditación, técnicas, niveles de experiencia, tipos de personas y sus cargas físicas, estado personal (físico, emocional y mental) de los sujetos en el momento de las mediciones. Todo ello nos lleva a ser cautos y humildes al sacar conclusiones demasiado entusiastas.

Sin embargo, se producen patrones contrastados y constatados. Se concluye que tales patrones generan un impacto físico en el cerebro, como demuestran los neurorregistros, y deben, por consiguiente, tener algún tipo de impacto en el comportamiento.

Otro aspecto interesante es el hecho que todas los tipos y técnicas de meditación tienen algún tipo de impacto que, con el tiempo suficiente, repercute en la calidad de vida de la persona, mejorándola.

Todas las personas que han practicado meditación avanzada han generado transformaciones significativas en sus vidas y así lo expresan. Es evidente que algo importante sucede a nivel de la mecánica neurofisiológica del cerebro.

Estas mismas personas experimentan estados alterados de conciencia durante la práctica de la meditación. Estos se corresponden a los PMs expuestos.

Hemos realizado pasos hacia adelante en una mejor comprensión de la mecánica de la meditación avanzada, del funcionamiento del cerebro y del sistema nervioso en conjunción con los estados mentales y las experiencias subjetivas durante los periodos de meditación.

Es fundamental que los estudios científicos de la neurofisiología de la meditación se integren con los estudios conductuales para tener una mejor comprensión de esta realidad.

Personalmente, pronostico que nos encontramos ante el amanecer de una biotecnología (la aplicación de la metodología de la meditación junto con los recursos físicos del cerebro y el sistema nervioso) que devolverá el poder al individuo y hará más libre a la sociedad.

Notas:

1 Estudios científicos realizados han sugerido este tipo de clasificación para poder obtener datos cuantitativos consistentes y coherentes de los resultados de cada una de estas prácticas. Ver: C.R.Fox, K.; Dixon, M.L.; Nijeboer, S.; Girn, M.; Floman, J.L.; Lifshitz, M.; Ellamil, M.; Sedlmeier, P.; Christoff, K. (2016) "Functional neuroanatomy of meditation: A review and meta-analysis of 78 functional neuroimaging investigations" Neuroscience & Biobehavioral Reviews.Vol. 65. Pp. 208-228
Recuperado en:
https://www.sciencedirect.com/science/article/abs/pii/S0149763415302244?via%3Dihub
2 El Rāja Yoga fue descrito por el escritor indio Patañjali (posiblemente del siglo II a.C.) en su texto clásico Yoga Sūtra ('aforismos sobre el yoga", en idioma sánscrito), el libro más antiguo sobre yoga. Patañjali formuló la metodología conocida como Aṣṭāṅga Yoga y en su columna vertebral se formula el proceso de la meditación materializada en las tres últimas partes de los ocho miembros del Yoga: dhāraṇā, dhyāna y samādhi. Consultado en Wipiedia en 2021.
3 Meditación con mantra y ojos cerrados. La meditación con mantra implica la repetición de un sonido, palabra o pequeña sentencia de manera mental. Puede ser repetida en voz alta o en silencio dentro de la cabeza. Esta práctica ha sido muy extendida a través de la Meditación Trascendental®.
4 Travis, F. (2011) "Comparison of coherence, amplitude, and eLORETA patterns during Transcendental Meditation and TM-Sidhi practice". International Journal of Psychophysiology. Vol. 81-3.Pp.198-202
Recuperado de https://doi.org/10.1016/j.ijpsycho.2011.06.011
4 Ben-Soussan, T.D.; Mauro, F.; Lasaponara, S.,;Glicksohn, J.; Marson, F.; Berkovich-Ohana A. (2019) "Fully immersed: state absorption and electrophysiological effects of the OVO Whole-body perceptual deprivation chamber" Progress in research meditation" – Ed.Srinivasan, N. Progress in Brain Research. Elsevier, Vol. 244. Pp. 165-184.
Recuperado de https://doi.org/10.1016/bs.pbr.2018.10.023
5: C.R.Fox, K.; Dixon, M.L.; Nijeboer, S.; Girn, M.; Floman, J.L.; Lifshitz, M.; Ellamil, M.; Sedlmeier, P.; Christoff, K. (2016) "Functional neuroanatomy of meditation: A review and meta-analysis of 78 functional neuroimaging investigations" Neuroscience & Biobehavioral Reviews.Vol. 65. Pp. 208-228
6 Schulte B. (1 de junio de 2015) "Harvard neuroscientist: Meditation not only reduces stress, here's how it changes your brain". RemedySpot.com
Recuperado de https://www.remedyspot.com/harvard-neuroscientist-meditation-not-only-reduces-stress-heres-how-it-changes-your-brain/
7 Leung, N. T. Y., Lo, M. M., & Lee, T. M. C. (2014). "Potential Therapeutic Effects of Meditation for Treating Affective Dysregulation". Evidence-Based Complementary and Alternative Medicine, 2014. Pp. 1–7.
Recuperado de https://doi.org/10.1155/2014/402718
8 Manna, A.;, Raffone A.; Perrucci, M.G.; Nardo, D.;Ferretti, A.; Tartaro, A.; Londei, A.; Del Gratta, C.; Olivetti Belardinelli, M.; Romani, G. L. (2010) "Neural correlates of focused attention and cognitive monitoring in meditation", Brain Research Bulletin. Vol. 82, 1–2.Pp.46-56,
Recuperado de https://doi.org/10.1016/j.brainresbull.2010.03.001
9 Cohen, B. H. (2020) "Boredom and Mental Pain". Academia Letters. Artículo 92.
Recuperado de https://doi.org/10.20935/AL92
10 V.V.A.A. (1978) "Adrenocortical activity during meditation", Hormones and Behavior 10(1). Pp. 54-60.
11 Travis, Frederick & Arenander, Alarik. (2007). "Cross-sectional and longitudinal study of effects of Transcendental Meditation practice on interhemispheric frontal asymmetry and frontal coherence" The International journal of neuroscience. Vol. 116. Pp. 1519-38.

Recuperado de https://www.tandfonline.com/doi/abs/10.1080/00207450600575482?journalCode=ines20
12 Pearson, C. (2008) "Yogic Flying" Maharishi University of Management Press., Pp. 92 – 93;
12 Sirinivasan N. (2019) "Progress in research meditation - Meditation" Ed.Srinivasan, N. Progress in Brain Research. Elsevier Academic Press: pess in an imprint of Elseiver B. V. Pp.46 Tabla 1 Travis F. (2014).
13 Técnicas superiores denominadas Siddhis. Siddhi es un término sánscrito que significa 'perfección', 'logro' o 'éxito'. Los siddhis son poderes, habilidades y logros materiales, paranormales, sobrenaturales o mágicos que son producto del avance yóguico a través de sādhanās como la meditación y el yoga. El término ṛddhi (Pali: iddhi, "poderes psíquicos") se usa a menudo en el budismo. Consultado en Wikipedia en 2021, como definición estándar.
14 El decibelio es una unidad logarítmica de medida que expresa la magnitud de una cantidad física (habitualmente la potencia) respecto a un nivel de referencia. En física, la potencia es la cantidad de trabajo efectuado por unidad de tiempo. Absoluto: los valores de onda cerebral son potencias de banda absoluta, basadas en el logaritmo de la densidad de espectral de potencia (PSD) de los datos de EEG para cada canal. La densidad espectral (Spectral Density),en matemáticas y física, de una señal es una función matemática que nos informa de cómo está distribuida la potencia o la energía (según el caso) de esta señal sobre las diferentes frecuencias de las que está formada, es decir, su espectro. Consultado en Wikipedia en 2021, como definición estándar.
15 Men, W.; Falk, D.; Sun, T.; Chen, W.; Li, J.; Yin, D.; Zang, L.; Fan, M. (Abril de 2014) "The corpus callosum of Albert Einstein's brain: another clue to his high intelligence?", Brain. Vol. 137, 4. P.268. Recuperado de https://doi.org/10.1093/brain/awt252
16 Gómez-Ruiz M.L., (Septiembre de 2010) "Bilingüismo y cerebro: mito y realidad" Elseiver España Neurologia. Vol. 25-7. Pp. 443-52. Recuperado de 10.1016/j.nrl.2010.04.008
17 Frederick Travis (2 July 2011) "Comparison of coherence, amplitude, and eLORETA patterns during Transcendental Meditation and TM-Sidhi practice" International Journal of Psychophysiology; Elsevier B.V. Introduction pg. 1, 2nd paragraph
18 Alan Wallace (16/02/2013) "La ética, la base del bienestar" video recuperado de: https://youtu.be/kzvf_Al-_lk
Bruce Alan es un autor estadounidense y especialista en budismo tibetano. Sus libros abordan modos de investigación de carácter científico, filosófico y contemplativo, tanto de oriente como de occidente, a menudo enfocándose en los vínculos entre la ciencia y el budismo. Es el fundador del Instituto para el Estudio de la Conciencia en Santa Bárbara.
Recuperado de Wikipedia: https://es.wikipedia.org/wiki/B._Alan_Wallace
19 Albert Chielsa, Paola Brambilla Alessandro Serreti; 2010 Review article: "Functional neural correlates of mindfulness meditations in comparison with psychotherapy, pharmacotherapy and placebo effect. Is there a link?"; Acta Neuropsychiatrica 2010: 22: 104–117; pg. 106 "Results"
20 El proceso de elección del sistema de neuro registro EEG, en Executive Meditation, fue a través de un estudio riguroso de dispositivos existentes en el mercado de: baja, media y alta resolución. Durante un periodo de dos meses se analizaron datos de distintos dispositivos y se probaron varios de ellos en colaboración con dos centros en Barcelona: Mental Area® y Neuroscenter®. Finalmente se escogió el sistema MUSE™ del fabricante Canadiense InteraXon® por varios motivos: resultados sobre los objetivos definidos por Executive Meditation, portabilidad, facilidad de uso y referencias tanto de uso clínico, investigación y aplicación en programas de meditación. Apoyó la decisión el interesante estudio publicado en agosto del 2016 sobre el proyecto realizado con 27 monjes budistas tibetanos para registrar la actividad del cerebro on-line en meditación utilizando el sistema MUSE™ y ordenadores portátiles. Sus análisis muestran que los cerebros de los monjes estaban más relajados, enfocados y sincronizados durante la meditación en comparación a cuando estaban en reposo. La tecnología de neuroregistro y neurovisulización que utiliza Executive Meditation basada en

este dispositivo MUSE™ de cuatro canales en configuración frontal, está avalada, también, por profesionales de la investigación y clínica en más de 100 hospitales y universidades a nivel mundial incluyendo: Universidad de Memphis, Harvard Medical School, McGill, Northwestern University, University of Toronto, IBM, NASA, New York University, Mayo Clinic, Hamilton Heath Siences, Yale, MIT Massachusetts Institue of Technology entre otras. Por todos estos motivos se escogió el sistema MUSE™ para el propósito de desarrollo de los análisis EEG de Executive Meditation. Recuperado de: https://choosemuse.com/muse-research-new/

CAPÍTULO 8. METAMORFOSIS DEL COMPORTAMIENTO: LOS BENEFICIOS DE LA MEDITACIÓN

Todas las personas que practican meditación de manera regular han visto transformadas sus vidas a corto plazo, a un nivel que consideran la meditación como una herramienta esencial incorporada a su existencia.

En los últimos quince años hemos asistido a una avalancha de estudios científicos relacionados con la meditación.

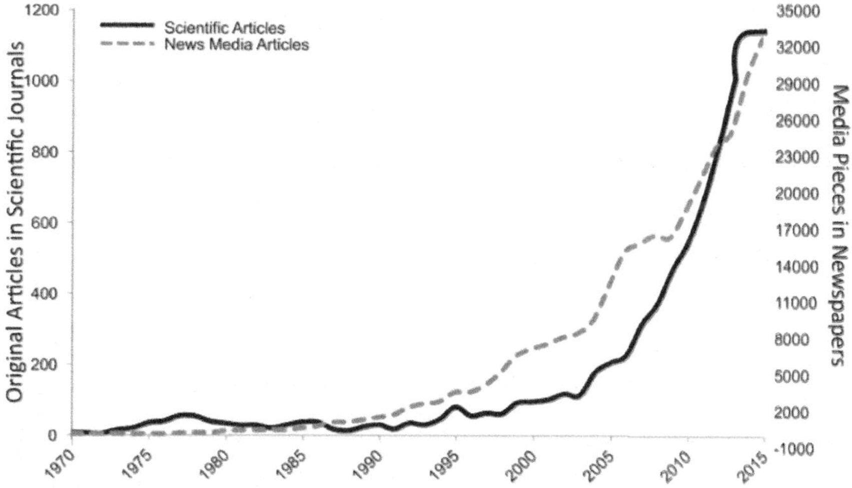

Figura 58: Gráfico artículos científicos y presencia en prensa

Han aparecido centenares de artículos acreditados en miles de medios de prensa[1]. La meditación trascendental y, más recientemente, el mindfulness (entre otras) ha contribuido a extender el interés por la meditación.

Sin embargo, algunos estudios denuncian una posible exageración de los beneficios de la meditación. Argumentan que las personas con patologías pueden ser conducidas a una toma de decisiones erróneas sobre su salud, descuidando las terapias convencionales y las recomendaciones de prevención de la salud.

También se discute el coste de oportunidad del desvío de tiempo y dinero en la meditación, dejando en segundo término los tratamientos convencionales con más oportunidades de producir mejoras.

Algunos estudios ponen el acento en aspectos de hiperactividad del lóbulo frontal y regiones límbicas que puede dar resultados de cambios afectivos, despersonalización, cambios del sentido del yo y alteraciones de la percepción del espacio y tiempo.

Las conclusiones recomiendan un trabajo conjunto entre científicos y neurocientíficos meditadores para mejorar la rigurosidad de la información, la obtención de datos en beneficio de todos y la reducción o la eliminación de malentendidos.

Parte del problema (o error) proviene de la orientación y proyección que se ha realizado sobre la meditación, comparándola o considerándola como una terapia. La meditación no es una terapia, es una metodología para el desarrollo personal y para producir estados superiores de conciencia. No tiene un propósito terapéutico. Sin embargo, es bien sabido que muchas personas han experimentado mejoras en su salud a través de la práctica regular de la meditación. Tales beneficios han sido considerados como beneficios terapéuticos. No obstante, este hecho no debería aplicarse a la ligera como una regla. Se trata de una línea fina que hay que tratar de manera objetiva.

Desde inicios del 2014, en *Executive Meditation* se han conducido centenares de estudios con el objetivo de concretar el nivel de cambio y mejora en la calidad de vida que los practicantes ha experimentado durante el proceso de aprendizaje de la meditación avanzada en un periodo estándar de entre ocho y diez semanas. También se han identificado los indicadores KPIs (*Key Point Indicators*) de mayor cambio.

Estos estudios tenían y tienen el objetivo de concretar las experiencias subjetivas de mejora, experimentadas por los meditadores, en fase de aprendizaje.

Siempre se han realizado de manera honesta y aceptando cualquier resultado.

La inmensa mayoría de los resultados han mostrado que la meditación ha tenido un impacto positivo en todas las áreas: potencial mental, salud, gestión de la relación con el entorno y sobre los niveles de rendimiento y productividad. En muchos casos, los sujetos incluían en sus evaluaciones indicadores personales. Estos se diferencian de aquellos que se han establecido de modo estándar y aparecen en todas las evaluaciones. De esta forma, se abre más el abanico de estudio, extendiéndose a indicadores más personales e íntimos de cada meditador.

Desde un punto de vista general, y según indican los estudios científicos publicados, muchos (la mayoría) de los indicadores de mejora parecen repetirse incluso con tipos y técnicas distintas de meditación.

En *Executive Meditation* hemos encontrado un indicador clave en los resultados. La mejora de indicadores se produce con niveles de seguimiento alto, es decir, con una práctica regular de dos meditaciones diarias de veinte minutos cada una. En los periodos de formación, se establece el objetivo de realizar 1.800 minutos de practica acumulada al final del programa de formación. Este suele establecerse en una duración de ocho semanas. Cuando se alcanza un 75% de este objetivo (minutos acumulados) se visualizan con claridad los beneficios alcanzado su cenit y un sentimiento de consolidación cuando se supera el 95% de consecución de esta meta.

A pesar de voces discordantes, que también hay que escuchar, pues permiten reflexionar y poner en valor los resultados obtenidos de la meditación, los cambios neurofisiológicos del cerebro a nivel de neuroplasticidad y neurogénesis, acorde a estudios científicos realizados con todo rigor, señalan que la meditación produce activaciones cerebrales intensas en las zonas paralímbicas, mejorando la interoperación en el cerebro, la activación del lóbulo frontal, zonas frontoparietales y frontolímbicas.

Tales cambios de actividad interna y de redefinición de redes neuronales se han visualizado a través del incremento de las funciones cognitivas en los meditadores. En nuestros trabajos, hemos identificado que dichos cambios se dan, como ya se ha mencionado, en aquellas personas que han mantenido un nivel de regularidad alta durante la formación. Muestran un incremento de las funciones como la atención y la concentración: toman mejores decisiones y son más creativos; mejoran de manera significativa la memoria y el aprendizaje; muestran un mayor nivel de autocontrol y mayor capacidad de gestión de conflictos; gozan de un incremento de perspectiva, y manifiestan más paciencia y tolerancia.

La meditación se ha mostrado un medio muy eficaz para el control de los niveles de estrés. Tras cinco y diez minutos de práctica de meditación, los meditadores sienten una descarga de los niveles de tensión y estrés acumulado. Los niveles de fatiga se reducen y el sujeto se siente liberado de la carga física, emocional y mental.

En lo que atañe al control de la ansiedad, la meditación es muy efectiva: *la funde como la mantequilla*. Se pone de manifiesto con la expresión, tan escuchada en las personas que meditan regularmente: "*la meditación me ha eliminado el 100% de la ansiedad y casi todo el nivel de estrés*" (en un periodo de ocho semanas y a partir de los 1.800 minutos de práctica).

El primer y mayor indicador de mejoría en la salud que se asocia a la práctica de la meditación es el descanso nocturno y la reducción del insomnio. También este indicador tiene la lectura inversa: la población adulta de esta sociedad moderna padece una enfermedad crónica, la falta de descanso nocturno y las crisis de insomnio.

Pero, si hay un indicador de valor en la meditación, este es el incremento del sentimiento de paz interior. Porque solo podemos disfrutar de la vida si estamos en paz.

Un análisis sobre 177 meditadores adultos de empresas multisectoriales (fig. 59)realizado entre el periodo 2016 al 2019 ha revelado los veinte principales indicadores de mejora, conseguidos a través de los programas de formación en meditación avanzada.

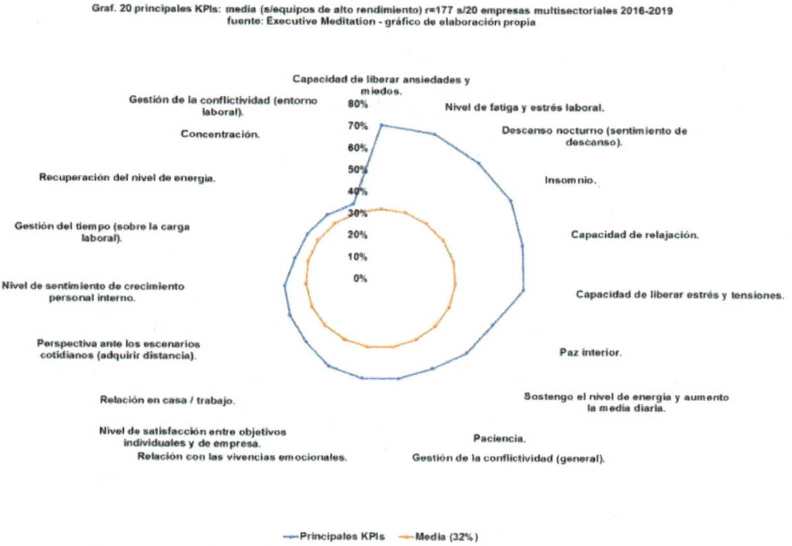

Figura 59: Gráfico de principales indicadores (KPIs) de mejora en equipos de alto rendimiento

Da qué pensar el hecho de que uno de los indicadores con mayor cambio de mejora experimentado haya sido la capacidad de liberar los niveles de ansiedad y miedos. Revela una situación entre profesionales, expuestos a entornos abrasivos que generan incertidumbre e inseguridad. Conlleva trastornos del comportamiento en sus entornos profesionales y personales. La meditación les libera a corto plazo de la ansiedad y el miedo, y también de los niveles de fatiga y estrés. Como hemos encontrado, la consecuencia se traduce, en la mejora del descanso nocturno y la reducción de los cuadros de insomnio. En casi todos los casos que nos hemos encontrado, donde las personas tomaban algún tipo de medicación para dormir, estas se liberaban de ella a partir de los diez días de haber empezado el programa de formación y las prácticas meditativas.

Muchas personas meditadoras experimentan un crecimiento de los niveles de energía y llegan más descansados al final del día. La repuesta emocional es más serena, una escucha más paciente permite una gestión más efectiva de las situaciones conflictivas. Permite una confrontación creativa de diferentes puntos de vista que conduce a encontrar soluciones a los problemas. Las personas sienten una mayor satisfacción con lo que hacen y saben encajar mejor sus objetivos personales y profesionales. Consiguen una mayor capacidad de adquirir distancia ante los escenarios cotidianos y una liberación de respuestas inmediatas y de continuas e incesantes proyecciones de pasado y futuro. Previene y se liberan de los efectos que forman y desarrollan bucles que suelen desembocar en la generación de mayor estrés emocional. Así requilibran sus vidas y obtienen una mejor relación de casa/trabajo.

También disfrutan de un mayor sentimiento de autocontrol y crecimiento personal interno. Muchas personas experimentan un incremento de la energía personal, la creatividad y la gestión del tiempo, que se traduce en productividad y rendimiento. Y también experimentan un sentimiento de felicidad, mejorando su capacidad de gestión y reduciendo o eliminando, de manera completa, la insatisfacción y la frustración.

Impresiona constatar tantos cambios y de gran magnitud entre tantas personas y un plazo de tiempo corto.

El siguiente apartado tiene como objetivo mostrar de manera estadística los resultados y mejoras sobre grupos de personas que practican la meditación de manera regular en tres grandes áreas: **potencial mental**, **salud** y **relación con el entorno** (comportamiento social y calidad de vida).

En el gráfico (fig. 60) se muestra la media de beneficios global del estudio de grupos. Incorpora una muestra sobre 180 personas entre el periodo de 2016 a 2019, agrupados en 20 grupos de meditadores. Los beneficios principales del impacto mayor son sobre la salud, con un impacto de mejora de un 66%, seguido de mejoras equivalentes sobre potencial mental (48%) y la relación con el entorno del (47%). El crecimiento medio de mejora global es del 54%.

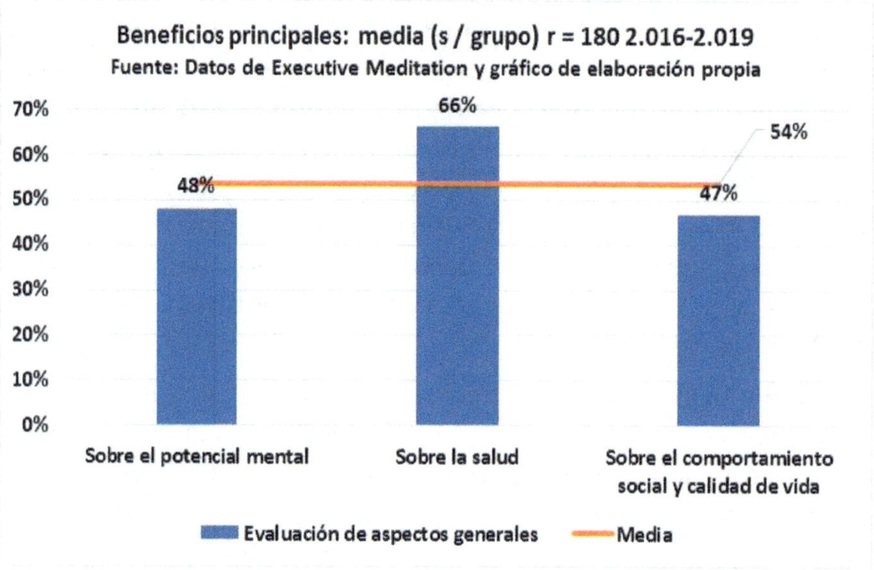

Figura 60: Gráfico de principales indicadores (KPIs) por áreas y población general

Nota: 20 grupos, total de la muestra r=180, período 2016-2019, valores calculados de medias por grupo de personas y medias globales agregadas.

Con relación al seguimiento óptimo, la media de práctica de meditación en los programas de formación de los grupos, está establecida en 1.800 minutos (30 horas). Todos los datos relacionados con mejoras y beneficios presentados en el análisis están proyectados contra este indicador de nivel de práctica.

Cuando observamos los indicadores de mejora por área, advertimos con más detalle aquellos indicadores que señalan un mayor cambio. Lo cual también sugiere o puede leerse como indicadores inversos señalando que los puntos de partida de los sujetos son o eran más bajos en esos hitos.

Veamos dónde se concreta y se despliega la mejora del **potencial mental**:

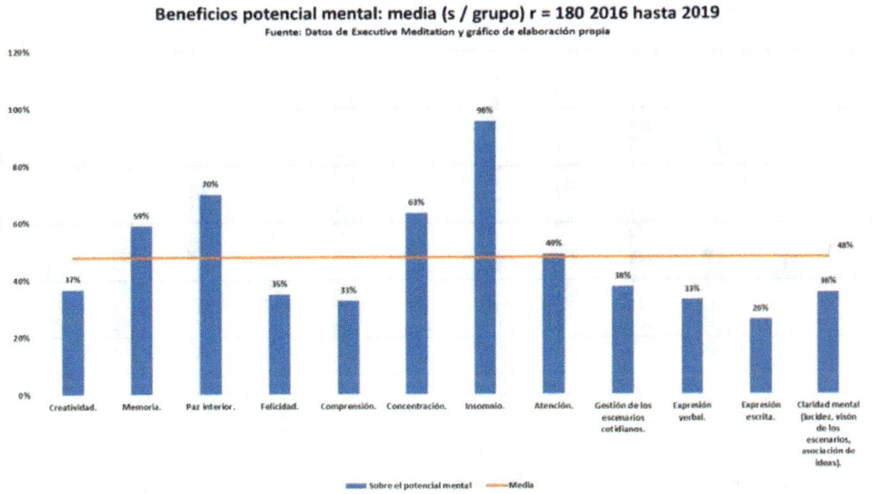

Figura 61: Gráfico de principales indicadores área mental (KPIs) y población general

El gráfico (fig. 61) señala los beneficios de esta área en doce indicadores. La media de crecimiento sobre los mismos es del 48%. Muy significativa la mejora en el insomnio (96%) y en funciones cognitivas como: paz interior (70%), concentración (63%), memoria (59%) y atención (49%).

Los indicadores con más cambio en la **salud** son los siguientes:

El gráfico (fig. 62) señala los beneficios de esta área en once indicadores. La media de crecimiento sobre estos indicadores es del 66%.

Resulta significativa la mejora sobre el descanso nocturno (103%) y la mejora en la capacidad de liberar tensiones (97%); la capacidad de liberar la angustia y los miedos (90%); la capacidad de relajación (86%); el incremento del nivel de energía (75%) y la mejora en la relación con las adicciones (65%).

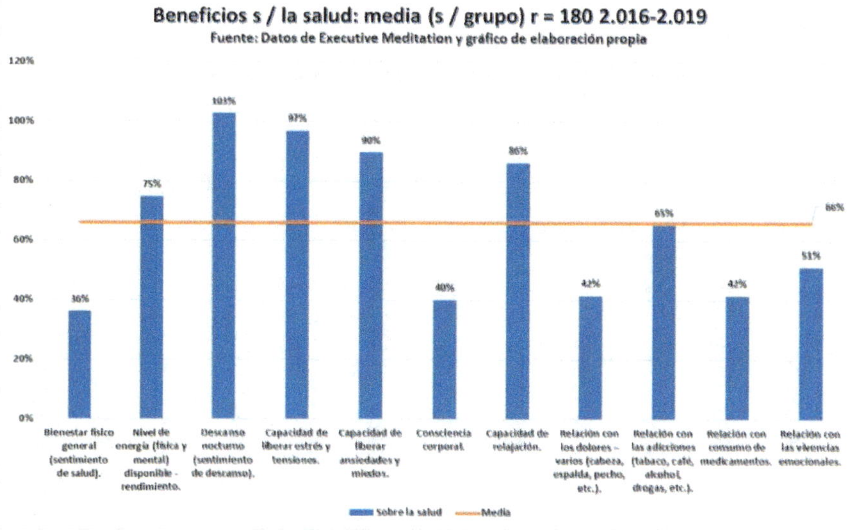

Figura 62: Gráfico de principales indicadores área salud (KPIs) y población general

Los beneficios relacionados con **nuestra relación y gestión del entorno** son los siguientes:

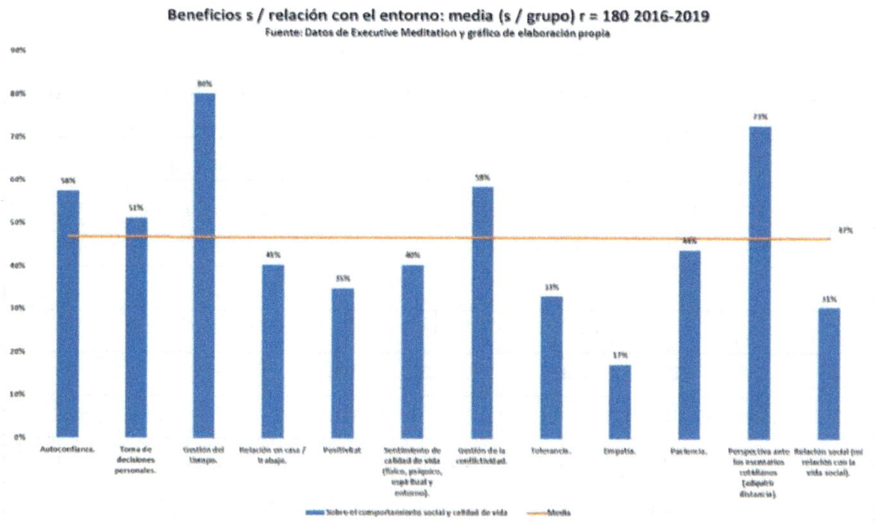

Figura 63: Gráfico de principales indicadores área entorno (KPIs) y población general

El gráfico (fig. 63) señala los beneficios de esta área en doce indicadores. La media de crecimiento sobre estos indicadores es del 47%. Muy significativa la mejora sobre la gestión del tiempo (80%) y la mejora en la perspectiva ante los escenarios cotidianos – la toma de distancia – (73%); la gestión de la conflictividad (59%), la autoconfianza (58%) y la toma de decisiones personales (51%).

Los análisis ponen de manifiesto un claro impacto de la práctica regular de la meditación en las personas. Muestran una clara mejora principalmente en la salud, pero también en el potencial mental y en la relación con el entorno. En cuanto a la salud, destaca la capacidad que tiene la meditación en la reducción y control sobre los niveles de estrés, así como también una mejora muy significativa (es el indicador que más crece) en el descanso nocturno y la recuperación de la energía personal. En el potencial mental, vemos que las personas que practican meditación de manera regular logran un gran progreso en la reducción de los estados de insomnio y mejora en funciones cognitivas como: la concentración, la atención y la memoria. Finalmente, en la relación con el entorno, son muy significativos los cambios de comportamiento y la mejora en la gestión de los conflictos, gracias a la obtención de una mayor perspectiva, es decir, los individuos tienen más capacidad de tomar distancia ante los acontecimientos, mejorando la respuesta y ganando autoconfianza. Corrobora esta conclusión los incrementos y mejoras en la paciencia, la tolerancia, la empatía y la positividad. Es también significativo el resultado de mejora en la gestión del tiempo y la toma de decisiones personales. Todos estos resultados, en su conjunto, evidencian una transformación cualitativa a corto plazo en los individuos que practican de manera regular la meditación.

Si bien se pueden tener reservas, también es innegable que la meditación produce abrumadores resultados en las personas que la practican de manera regular.

Otro aspecto muy relevante es el rejuvenecimiento. Todas las personas que practican meditación de manera regular experimentan una transformación física de rejuvenecimiento. En mi trabajo, muy pronto empecé a darme cuenta de cambios, no únicamente en el área del comportamiento, sino en el aspecto de las personas. Estas mostraban significativos cambios de aspecto. Se les veía rejuvenecidos en un plazo muy corto de solo ocho semanas de práctica regular de meditación.

Empecé a registrar estos cambios físicos. Se concretaban en un alisamiento de la piel de la cara, una mirada destensada, liberada del agotamiento, más resplandeciente, la desaparición de las arrugas e incluso desaparición de manchas y pecas de la piel.

Algunas personas con trastornos por depresión, que tenían un aspecto muy deteriorado, reaparecían con una apariencia de recuperación casi milagrosa. En especial, es percibido en aquellas personas que se incorporan a los programas de formación, procedentes de largos periodos de carga personal alta.

Veamos algunos ejemplos reales ilustrativos de personas meditadoras. Incorporaron la meditación en momentos cruciales de sus vidas. Como ellas, hay miles de personas que, ante retos importantes o puntos de inflexión, realizan esa mirada interior que les conduce a una búsqueda de herramientas que les permita rencontrarse y superarse. Son testimonios paralelos a tantos otros que he tenido la suerte de conocer. Sirvan estos como testimonio de aquellos que también han experimentado la metamorfosis de la meditación y permanece en el anonimato. Fotos al inicio y al final del programa de formación:

Ejemplo 1: Mujer. Experiencia: un mes de práctica. Año 2015. Tiempo de práctica acumulada: 1.659 minutos.

Foto tomada al inicio **Foto tomada al final**

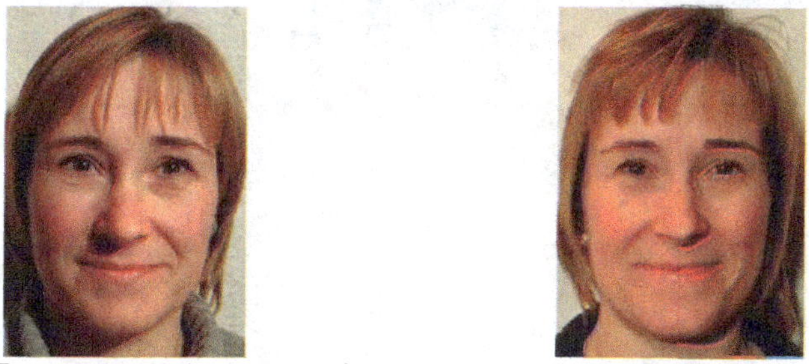

Figura 64: Fotos comparativas antes y después; cortesía de Dña. Monserrat Moreno

Se observa un alisamiento de la piel en toda la cara. Pérdida de arrugas. Aspecto rejuvenecido.

Ejemplo 2: Mujer. Experiencia: mes y medio de práctica. Año 2017. Tiempo de práctica acumulada: 1.654 minutos.

Foto tomada al inicio **Foto tomada al final**

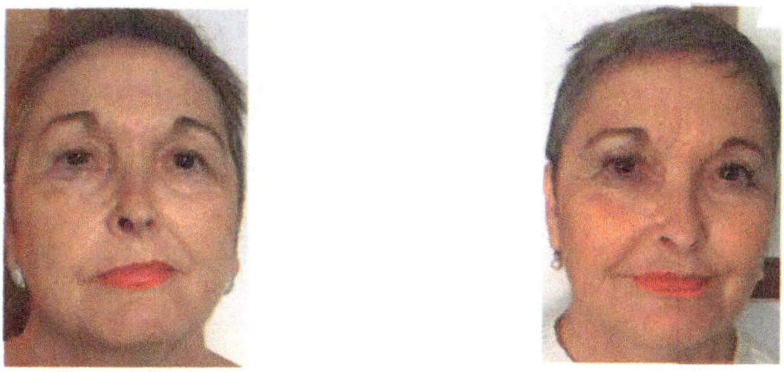

Figura 65: Fotos comparativas antes y después; cortesía de Dña. María Dolores Pardo

Se observa un alisamiento de la piel en toda la cara. Pérdida de arrugas. Cambio de color. Aspecto recuperada y rejuvenecida.

Ejemplo 3: Mujer. Experiencia: un mes de práctica. Año 2015. Tiempo de práctica acumulada: 1.227 minutos.

Foto tomada al inicio	Foto tomada al final	Foto tomada después de un año

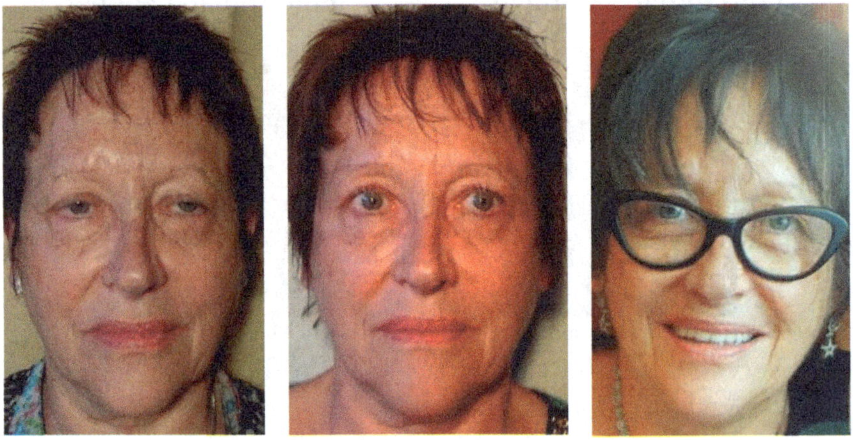

Figura 66: Fotos comparativas antes y después; cortesía de Dña. María Pilar Plans

Un caso clínico. No se abordó como un proceso terapéutico. Esta mujer sufría una depresión al inicio del periodo. Mostró interés personal en aprender la meditación. El impacto de la misma es más que evidente al cabo de un mes. Una clara recuperación de vitalidad. Después de un año de práctica regular de meditación, presentaba un aspecto completamente recuperada y rejuvenecida (tercera foto).

Ejemplo 4. Mujer. Experiencia: un mes de práctica. Año 2015. Tiempo de práctica acumulada: 1.791 minutos.

Foto tomada al inicio

Foto tomada al final

Figura 67: Fotos comparativas antes y después; cortesía de Dña. Mariona Enrich

¡En este caso, creo que… sobran las palabras!

¡Lo que hace la mente!

—

Tal como he mencionado, empecé a darme cuenta del impacto de la meditación avanzada en la fisiología y su capacidad de mejorar el aspecto físico de las personas de manera muy notoria con solo siete u ocho semanas de práctica regular a inicios del 2014. Desde entonces, he recogido centenares de registros de este estilo que demuestran una transformación física, una metamorfosis muy notoria y, en algunos casos, realmente sorprendente e impactante.

Un estudio publicado por la UCLA en 2015[2] sobre un grupo de cien personas (cincuenta meditadores y un grupo de control de cincuenta, repartidos equitativamente entre mujeres y hombre), durante un periodo largo de tiempo y con una edad media de 24 a 77 años, reveló que la práctica regular de la meditación ralentiza el encogimiento del cerebro que acompaña al envejecimiento. Se detectó que el cerebro de los meditadores es 7,5 veces más joven que el de aquellas personas de la misma edad que no meditan; y que, por cada año que se supera a partir de los 50, el cerebro de los practicantes es un año y veintidós días más joven con relación a los que no practican meditación[2].

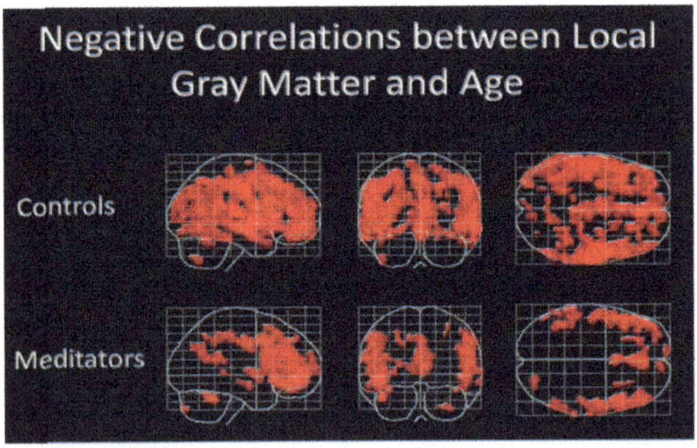

Figura 68: Imagen comparativa MRI

En el gráfico (escaneado utilizando imágenes de resonancia magnética de alta resolución[2]), se puede observar las correlaciones negativas entre la capa gris local. Se muestran proyecciones de máxima intensidad superpuestas en el SPM (Mapeo Paramétrico Estadístico)[4]. Las áreas del cerebro afectadas por el envejecimiento (en rojo) están mucho menos extendidas en las personas que meditan, en la fila inferior, que en las personas que no meditan.

El mismo estudio concluye que se han acumulado sólidas evidencias científicas del efecto positivo de la meditación en el cerebro: no únicamente en el marco de retrasar el envejecimiento natural y saludable, sino también en el patológico, previniendo y demorando el deterioro cognitivo leve o grave de enfermedad como el alzheimer[3].

A escala mundial, millones de personas practican meditación y han visto mejorada su calidad de vida y la de sus entornos. Yo, personalmente, durante más de siete años de formación a centenares de meditadores (más de 1.300) he podido constatar esta profunda metamorfosis física y mental.

Estamos ante un fenómeno con un significado muy profundo. Tenemos unas capacidades superiores para la transformación de la materia y redefinición de nuestra fisiología y de nuestras vidas. Tal vez nos encontramos ante ¡la fuente del poder y de la juventud!

¡Tu fuente de poder!

Notas:

1 Van Dam, N. T., van Vugt, M. K., Vago, D. R., Schmalzl, L., Saron, C. D., Olendzki, A., Meissner, T., Lazar, S. W., Kerr, C. E., Gorchov, J., Fox, K., Field, B. A., Britton, W. B., Brefczynski-Lewis, J. A., & Meyer, D. E. (2018). "Mind the Hype: A Critical Evaluation and Prescriptive Agenda for Research on Mindfulness and Meditation". *Perspectives on psychological science: a journal of the Association for Psychological Science.* Vol. 13(1), Pp. 36–61. Figura 1 tomada de pp. 1 – 2.

Recuperado de https://doi.org/10.1177/1745691617709589

2 Luders, E., Cherbuin, N., & Kurth, F. (2015). "Forever Young(er): potential age-defying effects of long-term meditation on gray matter atrophy". *Frontiers in psychology,* Vol. 5, 1551. Figura 2, tomada de p.3.

Recuperado de https://doi.org/10.3389/fpsyg.2014.01551

3 Luders, E., Cherbuin, N., & Kurth, F. (2015). "Forever Young(er): potential age-defying effects of long-term meditation on gray matter atrophy". *Frontiers in psychology,* Vol. 5, 1551.

Recuperado de https://doi.org/10.3389/fpsyg.2014.01551

4 El mapeo paramétrico estadístico (SPM) es una técnica estadística para examinar las diferencias en la actividad cerebral registrada durante los experimentos de neuroimagen funcional. Fue creado por Karl Friston. Alternativamente, puede referirse al software creado por el Departamento de Neurociencia de Imágenes de Wellcome en el University College London para llevar a cabo tales análisis.

Recuperado de https://en.wikipedia.org/wiki/Statistical_parametric_mapping

CAPÍTULO 9. La Nueva Era: una mirada al futuro

Existe la creencia popular de que hemos entrado en una nueva era, la Era de Acuario. Esta visión astrológica sugiere que la humanidad vivirá una transformación y empezará a percibirse y notarse en aspectos del desarrollo interno de cada persona, así como en cambios sociales, culturales, científicos y tecnológicos. Dicen los entusiastas que la Era de Acuario marcará un cambio en la consciencia del ser humano.

Inicialmente, no sé cómo tomar esta visión astrológica. Desafortunadamente, la astrología carece de un soporte científico riguroso. Ha sido alimentado por errores de "bulto" de sus propios defensores, que utilizan sistemas de cálculo desactualizados y no tienen en cuenta las precisiones. Basan sus interpretaciones sobre valores que no se ajustan a la realidad. Lo podrían hacer mejor, con un poco más de esfuerzo. A pesar de ello, la astrología es muy antigua y está muy presente en nuestra sociedad.

En la filosofía ancestral india, la fuente de la astrología son los Vedas, palabra que en sánscrito equivaldría a "conocimiento". Constituyen una visión cognitiva de la realidad. Esta visión se estructura en los cuatro grandes Vedas: Ṛgveda, Sāmaveda, Yajurveda y Atharvaveda. Hay seis disciplinas auxiliares para la comprensión de las vedas, denominadas Vedāṅga:

- Śikṣā: fonética y fonología.
- Chandas: métrica poética.
- Vyākaraṇa: gramática.

- Nirukta: etimología.
- Jyotiṣa: astrología y astronomía. Relacionado con los días favorables para realizar sacrificios.
- Kalpa: rituales.

Tradicionalmente estas disciplinas del **Vedāṅga** son consideradas también como las partes físicas de los Vedas: Nariz (Śikṣā), Cabeza (Kalpa), Boca (**Vyākaraṇa**), Orejas (Nirukta), Pies (Chanda) y Ojos (Jyotiṣa).

Es curioso que el último **Vedāṅga**, Jyotiṣa, se corresponde a los "Ojos de los Vedas": tal vez, para ayudar a las personas a ver más allá y reconocer la realidad. El significado de la palabra Jyotiṣa, que se compone de dos partes: *jyot* (Luz) e *isa* (Dios); se traduce literalmente como "La Luz de Dios".

En la astrología india, Jyotiṣa se estructura en seis ramas de conocimiento: Gōla (la observación del cielo, el reconocimiento de las estrellas, orbitas y dinámicas celestes), **Gaṇita** (análisis y diagnósticos matemáticos de Gōla), Jātaka (análisis de las cartas natales astronómicas individuales), Praśna (astrología horaria, respuestas a preguntas: típico horóscopo), Muhūrta (elección astrológica, selección del mejor momento) y Nimitta (trata de presagios que indican los próximos eventos). El Jyotiṣa representa la cualidad omnisciente de la conciencia.

El Āyurveda indio describe la actividad total de la fisiología, la mente, el cuerpo y el entorno mantenido en perfecto equilibrio.

La astrología ancestral india de algún modo realizaba cálculos muy precisos de las posiciones de planetas y estrellas, las dinámicas celestes y las influencias de las ondas gravitacionales (milenios más tarde fueron predichas por Einstein) sobre la vida en la tierra y sobre nuestras vidas.

De alguna manera, estas influencias gravitacionales, según la literatura védica, están impresas y reconocidas en nuestra fisiología y descritas en la astrología india con precisión. La actividad y la estructura interna del tálamo, el hipotálamo, la amígdala, el subtálamo, el globo pálido, la sustancia negra, el putamen[14], los núcleos caudados (cabeza y cola) están relacionados con las influencias de los nueve planetas o grahas del sistema solar y nuestras aproximaciones y comportamientos a la vida.

Las influencias gravitacionales y dinámicas de las constelaciones de estrellas locales, están relacionadas con los ritmos de la naturaleza, definidos por los veintisiete Nakshatras de la astronomía védica. El Jyotiṣa asegura que las influencias gravitacionales del entorno cósmico cercano o local (constelaciones de estrellas) están impresas en veintisiete grupos de células distribuidas en el tronco cerebral, como constelaciones neuronales involucradas en la activación del cerebro.

La misma estructura cósmica local está reflejada en la propia estructura del ADN y de los ácidos nucleicos de las células. El Jyotiṣa describe la correspondencia topográfica de los ácidos nucleicos y los veintisiete Nakshatras: veintitrés pares de cromosomas, t-ARN, m-ARN, r-ARN y ADN mitocondrial conjuntamente con los veintisiete grupos de ácidos nucleicos encontrado en las células.

La astrología védica asegura que, antes del nacimiento, el infante tiene ciclos y ritmos internos controlados por la madre y los ritmos intrínsecos de su propio sistema nervioso. Según el Jyotiṣa, el nacimiento en una específica fecha y hora, implica un nacimiento en una fase especifica de la actividad hipotalámica conectada con la Luna, en conjunción con la actividad o ciclos de los núcleos del tronco cerebral (Nakshatras). Así, desde el momento del nacimiento, los ciclos internos siguen una progresión ordenada con los ciclos y dinámicas naturales.

Las casas astrológicas corresponden a una división específica de las áreas corticales en la parte derecha e izquierda de los hemisferios de cerebro y sus funciones, se corresponden con las funciones de las doce casas astrológicas.

Toda la estructura de la literatura védica describe la inteligencia creativa de la naturaleza estructurada en la fisiología humana[2].

La ciencia anunció el descubrimiento de las ondas gravitacionales el 11 de febrero de 2016 en el Observatorio de Ondas Gravitacionales por Interferometría Láser (LIGO). Estas ondas son perturbaciones del espacio-tiempo y se transmiten a la velocidad de la luz. Movimientos y fluctuaciones debidas a la actividad de las masas de astros, planetas y fenómenos cósmicos, se traducen en ondas gravitacionales que viajan a través del espacio y son percibidas por instrumentos de detección de alta precisión, como los sistemas de interferometría láser diseñado para tales efectos.

El tirón gravitatorio de la Luna y el Sol afecta a toda la vida en el planeta; a la par, el Sol atrapa todo el sistema solar. También nos vemos afectados por las débiles fluctuaciones del fondo cósmico y, en especial, de la actividad dinámica de las colisiones de agujeros negros, del movimiento de las galaxias, de los fenómenos estelares: supercúmulos, cúmulos, cúmulos de estrellas, nebulosas, pulsares, cuásares, supernovas, sistemas planetarios, planetas, estrellas. La información de esta abrumante actividad cósmica viaja a través del universo con la luz y las ondas gravitacionales, e impacta en nuestra fisiología, al igual que en toda la vida del planeta.

El Āyurveda afirma que tales influencias están impresas en nuestras células neuronales: se sintetiza la información, se recombina y configura los rasgos de nuestra fisiología y personalidad. Está impresa en las estructuras neuronales de nuestro cerebro. Surge la cuestión de nuestra profunda conexión con el cosmos.

¡Da para estudiar y pensar!

A pesar del conflicto que supone la visión astrológica popular por falta (aparente) de rigor científico, sorprende el paralelismo de las predicciones sobre la Nueva Era con la dinámicas y necesidades reales del individuo, de nuestra sociedad y del planeta. Puede que pienses que es una casualidad. En ese punto me resisto. La naturaleza nos ofrece demasiadas equivalencias. Desde los mándalas de "Ángeles y Demonios" de Escher hasta los conjuntos de Mandelbrot. El código matemático de la naturaleza parece replicarse como un gran fractal por el universo. Aunque no voy hacer de ello un debate.

Lo cierto es que, para salir de la crisis profunda en la que la humanidad y el planeta está sumida, el punto de partida es la toma de conciencia. La toma de conciencia de las consecuencias profundas y dramáticas de nuestra toma de decisiones.

Las riendas del rumbo de nuestro destino están en nuestras manos, dentro de nosotros mismos. Puede que pienses que como individuos no tenemos nada que hacer ante las dinámicas de los "poderosos" del sistema. Sin embargo, cuando observo la naturaleza, puede ser que una abeja por sí sola no represente una amenaza, pero millares o millones vibrando al unísono se imponen con fuerza ante cualquier poder.

La clave de nuestro futuro está en el despertar de la conciencia hoy. La era de los valores termina, para dar paso a un nuevo sentido de conexión. El liderazgo del siglo XX quedará atrás, para permitir la emergencia en el siglo XXI de un nuevo liderazgo consciente y profundamente conectado a las leyes de la naturaleza.

Esta conexión con la ley natural hará emerger los valores y la inteligencia creativa, que se incorporaran para enriquecer nuestra vida, a través de nuestros actos. Los Valores de la ley natural son los que gobiernan la realidad de nuestra existencia, la del planeta, el sistema Solar, la galaxia y el universo entero.

La conciencia pura es el campo potencial infinito de energía e inteligencia creativa, representa el lagrangiano[1] que integra todas las cualidades que constituyen los bloques de la vida, que crean y sustentan el universo.

Valores energéticos fundamentales están contenidos en el Campo, tales como el estado de vigilia permanente y fluido, la creatividad dinámica, los destellos y reverberaciones de plenitud, el establecimiento en la luz de la conciencia, la invencibilidad (la supra cualidad de la naturaleza), la integración, la mecánica de la expresión del conocimiento, el poder de transformación, el progreso y la expansión, la autorreferencia de la conciencia pura, la medida de la cualidad del espacio y el tiempo, la omnisciencia, distinguir y decidir, aspectos específicos del infinito, enumeración y descripción de aspectos del campo no manifiesto de la vida, la unidad de la mente individual en la mente cósmica (el autoconocimiento), el análisis de la actividad, la trascendencia, el equilibrio (eliminación de los errores), la memoria, la sabiduría ancestral y eterna, la estructura, la emoción, la autointeracción trascendental, lo omnipresente y holístico... Estas cualidades (y algunas más) son definidas en el Veda indio y conocidas como los treinta y seis valores de la conciencia, más el Rk Veda[15] (Rigveda) que los integra y las funciones de la fisiología humana (el observador, el proceso de observar y la realidad). En su conjunto configuran los denominados cuarenta valores o cualidades de la inteligencia que residen en la interacción dinámica del Campo Unificado, descritos por la física moderna y establecidos en los bloques básicos de la fisiología humana[2].

Es el momento más apasionante de la ciencia en el campo de la física moderna y de la neurociencia en la biología humana: nos abrirán la puerta al conocimiento y nos explicarán de qué modo usar este conocimiento para evolucionar la vida de manera sostenible en el planeta.

La meditación es la herramienta que, aplicada al conjunto de los recursos del cerebro, el sistema nervioso y la mente, permite llevar nuestra experiencia a identificarnos con el campo de la conciencia en estado puro, que reside en el silencio infinito de la naturaleza dentro de nosotros mismos. En este proceso, la trascendencia de la actividad de la mente se reduce hasta tal nivel, que se colapsa en el silencio infinito. La mera observación del silencio colapsa el mismo silencio y genera una onda de actividad (colapso de la función de onda[3]) donde emergen los valores y cualidades fundamentales que constituyen la inteligencia creativa de la naturaleza y los bloques fundamentales de la vida, vertiéndose en nuestra vida cotidiana y enriqueciendo todas nuestras acciones. Será la tecnología del conocimiento del siglo XXI. Devolverá el poder al individuo y liberará a la sociedad, permitiendo la evolución a una sociedad justa, equilibrada y sostenible.

El poder del conocimiento emerge desde las entrañas de nuestra propia fisiología. El tesoro está en nuestras manos.

En los años cincuenta nace el concepto de inteligencia artificial (AI). Los ordenadores se visualizan como el futuro de la inteligencia. La IA persigue dos grandes objetivos: la creación de sistemas expertos, es decir, que exhiban comportamientos inteligentes capaces de aprender, demostrar, explicar y asesorar; y, por otro lado, la implementación de la inteligencia humana en las máquinas, es decir, la creación de sistemas que comprendan, piense, aprendan y se comporten como humanos.

El hecho es que los ordenadores y sistemas de software experto tienen una gran capacidad de cálculo y pueden realizar millones de operaciones de manera muy rápida. Son capaces, por ejemplo, de jugar de manera magistral al ajedrez o de operar como agentes autónomos. En la actualidad el conjunto ordenador y sistema experto IA muestran capacidades de procesado superior: razonamiento, representación del conocimiento, planificación, aprendizaje, procesamiento del lenguaje natural, percepción, inteligencia social, reconocimiento de objetos y rostros, resolución de problemas complejos, utilización de métodos y herramientas poderosas de búsqueda y optimización matemática, diseño de redes artificiales neuronales, aprendizaje automático, modelado conceptual, ingeniería del conocimiento, estadística de probabilidad y economía. La IA se basa en la informática, las matemáticas, la psicología, la lingüística, la filosofía y muchas otras disciplinas científicas y campos del saber[13].

La potencia de procesamiento en el siglo XXI es tan abrumadora que llevó a los científicos a pensar que, en algún momento cercano, la conciencia emergería de algún modo. Sin embargo, después de más de setenta años de evolución apabullante de los ordenadores y sistemas expertos, todavía no parece haber constancia de que tal fenómeno se haya producido.

Sin embargo, esta idea sigue de algún modo presente y relaciona la conciencia con algún tipo de proceso computacional. Estudios científicos demuestran que hay un gran nivel de cómputo en el cerebro, pero básicamente son procesos inconscientes. La conciencia es algo distinto, es el darse cuenta de algo, esa chispa de entendimiento. Es obvio que no es un proceso computacional, es algo más: ese estallido de comprensión viva que nos hace tomar el control y generar la explosión de fuego artificial de la creatividad, la genialidad, el talento y la toma de decisiones superiores ante la incertidumbre generada por combinación de variables conocidas y desconocidas. Ir más allá, sentir la belleza de la comprensión de la creación, el fractal de las leyes de la naturaleza, el universo y la conexión con el todo. Transitar y dirigir nuestra vida en una posición de poderosa autoconciencia.

La IA, en todas sus formas -(AI), *Artificial General Intelligence* (AGI), *Artificial Super Intelligences* (ASI)- y sobre el papel, tiene el potencial de emular al ser humano en casi todas las actividades, pero carece del potencial de experimentar la conciencia. Es ahí donde radica la diferencia. Porque en la conciencia está el conocimiento puro, el cual es la base constituyente de los bloques de la vida y de toda la creación.

La ciencia nos explica y demuestra que lo que sucede en el cerebro es regido por las mismas leyes que gobiernan el universo. A nadie que esté un poco informado se le escapa que esas leyes no son completamente entendidas todavía en la actualidad. Sin embargo, el factor clave es que para entender este misterio del conocimiento hay que ser conscientes, lo que significa que hay algo más funcionando más allá de los procesos computacionales inconscientes del cerebro.

Veamos un ejemplo histórico: la enorme hazaña intelectual de Albert Einstein. Su visión va más allá de todo proceso de cómputo. Fue una revelación del entendimiento. El mismo Stephen Hawking mencionó sobre Einstein:

"...le llevó a darse cuenta que la estructura de espacio y tiempo reacciona en presencia de materia y energía"[4].

Einstein visualizó la estructura del espacio y del tiempo, y generó una de las dos grandes revoluciones del siglo XX. Produjo una extensión, una evolución de la comprensión de los fenómenos físicos. Comprendió, dentro de sí mismo, que el tiempo y el espacio no eran entidades separadas como las observábamos, eran relativas y conformaban una única entidad espacio-temporal. Comprendió la ley profunda de la naturaleza de la equivalencia entre masa y energía. Veía el espacio-tiempo no plano, sino como algo que se curvaba. Comprendió, en su fuero interno, que la gravedad no era una fuerza, sino algún tipo de curvatura. Y nos explicó, entre muchas otras cosas, por qué un rayo de luz se curva al pasar cerca de un objeto masivo como una estrella.

La segunda gran revolución del siglo XX la produjo la mecánica cuántica, la nueva física, que describe el comportamiento de los fenómenos físicos del mundo subatómico. Nos adentramos en un mundo extraño: la dualidad onda-partícula, el principio de incertidumbre, la superposición de estados, el entrelazamiento (el calvario de Einstein), el vacío no es vacío, la decoherencia de estados, el colapso de la función de onda…

Existe un conflicto entre estas dos grandes revoluciones. No es un tema vano, es un conflicto estructural. No hay, por ahora, una manera de encajar estos dos grupos de leyes: las leyes físicas de Newton y la relatividad de Einstein, que funcionan para los fenómenos macros con la mecánica cuántica que describe los fenómenos micros.

Para colmo, en la actual mecánica cuántica existe un gran vacío de información para el entendimiento de las leyes físicas. Hay dos procedimientos que rigen la mecánica cuántica que son profundamente inconsistentes, a saber: la ecuación de Schrödinger (que define la energía contenida en las partículas, sus condiciones externas y su evolución en el tiempo) y el problema de la medida (colapso de la función de onda). Cuando usas uno, este destruye al otro; y, sin embargo, las dos rigen la realidad. Es una verdadera locura del entendimiento.

¿Qué pasa en nuestro cerebro para comprender que existe un gap de información? Debido a este hecho, muchas personas están explorando este gap. Sienten una explosión de creatividad en su cerebro y experimentan estallidos de inteligencia creatividad pura, que les conecta con las leyes de la naturaleza.

Una de estas personas es el afamado matemático Roger Penrose, cuando escribió su libro bestseller mundial *La nueva mente del emperador* (1989), en el cual buscaba encontrar una respuesta "*para decidir qué es la conciencia*"[5]. En sus propias palabras, "*no lo conseguí*"[6].

La pregunta sigue en el aire y plantea que para ser conscientes tiene que haber un cambio en las reglas que rigen la mecánica cuántica, en algún determinado nivel. Tiene que haber algo relevante que suceda en el cerebro que haga emerger la conciencia, que haga emerger el poder creador de la naturaleza en nuestro cerebro.

En un trabajo conjunto de Roger Penrose y Sturat Hameroff[9], los dos investigadores formulan una teoría sobre la conciencia en el universo, que han denominado una reducción objetiva orquestada de estados cuánticos (OrchOR, *Orchestrated Objective Reduction*). Puede parecer atrevida y pretenciosa, pero pienso que, para encontrar las respuestas a los desafíos, primero hay que tener coraje y, después, atreverse.

Su estudio se basa en que la conciencia emerge de procesos mecánico- cuánticos orquestados biológicamente y sincronizados que se producen en estructuras proteínicas llamadas microtubos que se hallan dentro de las células neuronales. Son desplazamientos másicos de unidades de tubulina superpuestas. Dichos estudios afirman que estos procesos cuánticos regulan las membranas, las funciones sinápticas y la evolución de la actividad neuronal a través de una reducción objetiva (OR) estrechamente vinculada al fenómeno del colapso de onda en mecánica cuántica. Penrose-Hameroff formulan que la conciencia emerge de las vibraciones cuánticas de los microtubos que conectan los procesos cerebrales autoorganizados a escala finita a la estructura cuántica de la realidad[7].

Si este camino se demuestra, supondría una explicación de cómo nos hacemos conscientes de la conciencia y del poder organizador de la naturaleza. Nos abriría las puertas del conocimiento y el acceso al poder supremo.

En la literatura védica se describe que el cerebro produce la mente y su operación combinada permite experimentar la conciencia.

Plantea que el cerebro es un transductor de la conciencia. Permite experimentar la conciencia, pero no es el que produce la conciencia. Si lo dañamos, perderemos la experiencia. Y, a pesar de ello, sigue siendo conciencia, porque no hay nada más que conciencia. Todo es ese campo infinito llamado conciencia, la realidad única – Brahman[8]. El Vedānta Advaita afirma que Brahman es la conciencia pura[10].

—

La meditación representa la unión de dos mundos, la filosofía y la ciencia. Ambos se unen para ofrecernos una nueva visión de la realidad. O, mejor dicho, la experiencia objetiva de la realidad.

Esta experiencia es y será como aterrizar en la Luna. Es un gran paso para la humanidad, pero también su mayor reto. Supondrá alcanzar el dominio de las leyes de la naturaleza y colocarnos en nuestra posición en el universo y comprender que somos cocreadores de la realidad. Cuanto mayor es el poder, mayor es la responsabilidad que conlleva.

Por último, DESPIERTA y adéntrate a tu propio tesoro personal. Descubre el poder de la naturaleza dentro de ti mismo. Aprende el arte y la ciencia de la meditación. Si no puedes por ti mismo, busca ayuda, pero ¡hazlo! Sé partícipe de la construcción de nuestro destino como humanidad y contribuye a cambiar el mundo. Conquista tu propia libertad. Siente tu propia inmortalidad.

Entra en la Nueva Era del liderazgo consciente. El símbolo del poder. La sociedad no se regirá por la lucha de clases, ricos o pobres, ilustrados o no, sino por el nivel de conciencia. Solo será poderoso aquel que sea consciente y actúe en consecuencia. El nivel de exigencia de la sociedad crecerá exponencialmente. No se permitirá el error, la mediocridad, la manipulación ni la falta de valores. Solo sobrevivirá la sabiduría auténtica.

Te animo a formar parte de un nuevo mundo que se reformulará desde el silencio, desde el secreto de la naturaleza. Para dejar atrás la era de la ignorancia y dar paso a una sociedad de conciencia global. La Nueva Era de la Iluminación.

Las iniciativas de un millón de personas meditando[11], aunque no sean algo nuevo[12], suponen un paso firme a la construcción de esta Nueva Era. Te animo a reformularte a través de la meditación para conquistar tu libertad, recuperar el poder y sintonizarte con la ley natural. Te invito formar parte de una nueva familia responsable y conectada para definir un nuevo mundo y salvar al Planeta. A ti te digo que hay esperanza. Da, pues, el primer paso: medita y conéctate con "tu fuente de poder". Conéctate con el gran poder que crea y sustenta el universo, y que reside dentro de ti. ¡Cree en ti! ¡Descúbrete!

Figura 69: foto Gran Nebulosa de Orión – M42

En enero de 2022, realicé esta impresionante foto de la gran nebulosa de Orión conocida como M42.

El universo en estado puro.

"A una distancia de nosotros de 1.300 años luz y con un radio de 12 años luz. En su corazón reside una incubadora donde nacen nuevas estrellas. Es una pequeña muestra del vasto universo del que formamos parte… estamos profundamente conectados en nuestros corazones."

Notas:

1 En física, el lagrangiano se considera el operador más fundamental que describe un sistema físico.

2 Tony Nader 1(995) "Human Physiology-Expression of Veda and the Vedic Literature" (Eds) Maharishi Vedic University, pag. 38-42

3 Colapso de la función de onda es un concepto físico relacionado con el proceso conocido de decoherencia cuántica. Mientras la función de onda global del universo es un proceso continuo unitario, el proceso de medida colapsa la función en un proceso abrupto de experiencia definida y aparente. Paradoja ERP Einstein- Podolsky-Rosen y principio de localidad en física.

4 Hawking S. (2008) " La Gran Ilusión: Las grandes obras de Albert Einstein" (Eds) Critica.

5 Penrose, R. (1996) *La nueva mente del emperador* .Trad. García Sanz, J.J. Fondo de Cultura Económica: México D.F.

6 Penrose, R. (1994), The quantum nature of consciousness.

Recuperado de: https://www.youtube.com/watch?v=3WXTX0IUaOg

7 Hameroff, S. & Penrose, R. (2014)." Consciousness in the universe: a review of the 'Orch OR' theory". *Physics of life reviews,* Vol.11(1). Pp. 39–78.

8 Brahman es el principio universal supremo, la realidad superior descrita por el Advaita Vedanta.

9 Stuart Hameroff - es un anestesista y profesor de la Universidad de Arizona (Anestesiología, Psicología y Centro de Estudios de la Conciencia, Universidad de Arizona, Tucson, AZ, EE. UU); es conocido por promover el estudio científico de la conciencia y por sus estudios sobre la teoría de los mecanismos que la gobiernan. Tabaja estrechamente con Roger Penrose en la formulación del modelo de conciencia denominado como la Reducción del Objetivo Orquestado (Orch-OR)

10 N.C. Panda (2011)"Ciencia y vedanta" (Realidad y apariencia) Etnos Libros

11 Trivedi, R. *Global Peace Meditation.*

Recuperado de: http://www.globalpeacemeditation.com/urgent-meditation-for-peace.html

12 Meditación tracendental: TM.org lleva años conduciendo grupos de meditación para la generación de la mejora de clima mundial. Fueron los primeros en descubrir que si la raíz cuadrada de la población mundial se junta para meditar, genera una onda de coherencia que afecta a todo el planeta. Este efecto de coherencia global es denominado por ellos efecto Maharishi (Maharishi Effect) en honor al fundador de ese movimiento de meditación. Han conducido estudios de cierto rigor científico para demostrar el efecto grupo de la meditación.

13 Kotis, K. (2021). "Artificial General Intelligence and Creative Economy". *Academia Letters*, Artículo 260. S.p.

Recuperado de https://doi.org/10.20935/AL260

14 El putamen es una estructura situada en el centro del cerebro que junto con el núcleo caudado forma el núcleo estriado. El putamen y el globo pálido forman el núcleo lenticular. El término proviene del latín, refiriéndose a algo que «cae cuando se poda», ya que el verbo de donde se deriva, putāre, significa «podar, pensar». Es uno de los tres núcleos principales de los núcleos basales del cerebro, los cuales se encargan principalmente de parte del control motor del cuerpo, por ejemplo, de la ejecución controlada y dirigida de los movimientos voluntarios finos.

Recuperado de: https://es.wikipedia.org/wiki/Putamen

15 RK VEDA: La expresión HOLÍSTICA de la Ley Natural viva en el estado no manifiesto, ilimitado, eternamente silencioso, autosuficiente y autorreferido de la Conciencia

Trascendental, el hogar de todas las Leyes de la naturaleza, la realidad trascendental autorreferida, la Realidad Última, que es íntimamente personal a todos.

Recuperado de: http://vedicreserve.miu.edu/rk_veda.htm

CAPÍTULO 10. ¡AHORA ES TU MOMENTO! VIAJE CÓSMICO AL UNIVERSO – TU PRIMERA MEDITACIÓN PROFUNDA

Si has tenido la paciencia de leer todos los capítulos anteriores, sin duda alguna has llegado informado a este momento y, sinceramente, te felicito, porque, además, te has demostrado una capacidad de disciplina y un sincero interés. ¡Llegarás lejos!

Si por el contrario has decidido empezar por este capítulo y has dejado para más tarde el resto del libro, igualmente te funcionará: aunque si lo que te mueve es la impaciencia, debo avisarte de que en la meditación profunda la impaciencia suele ser compañera del fracaso. Tómalo como un consejo de amigo. Subestimar el valor del conocimiento que los capítulos anteriores te pueden aportar es presuntuoso y señal de ignorancia. Los buscadores auténticos se quedan hasta el final, pero no empiezan por el final.

Antes de entrar en materia, veamos algunas consideraciones previas. Te adelanto que con este capítulo tendrás la información para meditar correctamente, pero esto no significa que desarrolles una habilidad y seas capaz de despejar todas las incógnitas de golpe. Aprender la técnica de la meditación profunda es algo sencillo, pero no es simple. Este capítulo es una introducción a la meditación profunda.

Muchas personas se acercan a la meditación como si esta fuera un objetivo. Creo que esta forma de verlo es errónea de partida. El objetivo no es meditar, el objetivo debe ser mejorar tu vida (y la del Planeta). Si tu aproximación a la meditación profunda es la búsqueda de valores fundamentales como los mencionados sobradamente en todos los capítulos anteriores, y son estos los que te mueven y motivan a dar este paso, entonces tendrás éxito.

Sin embargo, debo avisarte de que el mejor camino para aprender a meditar es formarte con un buen profesor que te guie, al menos durante un tiempo. El *feedback* entre alumno y profesor es **fundamental**, algo que no se puede producir con un libro.

Para ayudarte a dar este paso, que puede suponer abrir una puerta al cambio en tu vida, empezaremos por centrar los objetivos. El primer objetivo es aprender las bases de una metodología ancestral; en segundo lugar, introducirla en nuestra vida cotidiana; y, finalmente, visualizar y reconocer los beneficios. Estos serán tus verdaderos indicadores (acuérdate y revisa el capítulo "Metamorfosis del comportamiento: beneficios de la meditación").

En este capítulo aprenderás los conceptos fundamentales y básicos para meditar. También tendrás aquella información que te permitirá hacerlo con éxito y superar las mayores dificultades con las que te encontrarás. Con todo ello, tendrás la llave que abrirá la puerta de tu tesoro interior.

¿Qué **no** debes esperar de este capítulo? Un programa de formación completo y definitivo. Con este capítulo te introducirás en la meditación profunda con una buena guía de base. Unas indicaciones básicas y suficientes para introducirte en la meditación avanzada, pero sin las garantías que supone el acompañamiento.

Si realmente decides hacer una apuesta sólida, te recomiendo inscribirte a alguno de los programas de formación en meditación avanzada que imparto habitualmente, sea en formato presencial, on-line o en un futuro próximo en aula virtual (catalán, castellano e inglés).

(Infórmate a través de la web **www.executivemeditation.cat**, escríbeme a través del formulario de contacto o llámame al teléfono que aparece en la página web (zona contacto).

En cualquier caso, apostar por un buen programa de formación puede y suele ser definitivo, siempre que estés dispuesto a tener compromiso. También quiero señalarte que la formación en meditación avanzada está muy pautada y es técnica, pero difiere de programas clásicos de formación, por ejemplo, en ámbitos ejecutivos como masters o programas de desarrollo empresarial o directivo. Se trata de desarrollar una habilidad y comprenderla. No es apto para personas tipo *smart-ass*, es más bien para individuos inteligentes. Aprender a meditar es un camino donde debes estar dispuesto a "*morder el polvo*", sentir incomodidades e incertidumbres (la vida a ciegas) hasta que poco a poco "el velo" se va cayendo y la luz del sol resplandezca. Yo te ayudo a caminar llevándote de la mano, pero al final, te soltaré.

Después de todas estas consideraciones previas, hemos llegado al punto de adentrarnos en el aprendizaje. Comencemos.

Introducción a la técnica de la meditación profunda

Lo primero es estar un poco informado sobre la técnica específica en la que vas a introducirte. Tener un poco de perspectiva histórica, pues es una técnica que no he inventado yo, sino que proviene de una tradición ancestral y milenaria. Igualmente, aunque tener un poco de conocimiento sobre su origen y tradición es de ayuda intelectual, lo que más debe interesarte es conocer cómo funciona.

A estas alturas, si has leído y navegado por los capítulos anteriores, sabrás que hay un número importante de técnicas distintas y categorías de meditación. En *Executive Meditation* solo enseñamos una técnica específica. Esta es en la que vas a introducirte: **la meditación avanzada descrita por el Rāja Yoga de Patañjali**. Esta técnica está categorizada dentro de las técnicas denominadas "**autotrascendencia automática del pensamiento**".

La meditación avanzada descrita por el sistema Rāja Yoga de Patañjali proviene de la ancestral **literatura védica**, surgida en la India. Son la fuente de la espiritualidad y el patrimonio cultural de la India, una enorme riqueza de valores filosóficos, culturales y sociales.

La palabra Veda es un término sánscrito que significa, de manera literal, "conocimiento". Por conocimiento se entiende todo aquello que comprende y describe la realidad. Toda la existencia, visible e invisible en el universo. Tú, yo, la vida en el Planeta, el Planeta, el sistema solar, la galaxia y el universo entero. La literatura védica es un mastodóntico sistema de filosofía indio preservado a través de generaciones pasando de padres a hijos. Se trata de una visión cognitiva y sabia de la propia constitución y estructura del universo, y del funcionamiento mecánico de las leyes de la naturaleza.

Esta visión se formuló a través de una larga colección de versos y libros, los cuales fueron compilados en treinta y seis ramas de conocimiento del Veda. En adición a estas treinta y seis ramas de conocimiento, existe una denominada Ṛgveda, el texto más antiguo de la tradición védica. El Ṛgveda genera una visión holística e integradora de las demás ramas. A veces se denomina al Ṛgveda como el Veda, y las treinta y seis ramas de conocimiento como "literatura védica".

Pero este enfoque se me antoja más técnico y acertado que lo comúnmente conocido como las cuatro grandes vedas: Ṛgveda, Samaveda, Yajurveda y el Atharvaveda.

Significa que todas las doctrinas, los vedas, las Upaniṣad, textos épicos hindúes y otras escrituras, representan nada menos que la descripción de todas las leyes de la naturaleza y la constitución del universo.

Cada una de estas ramas es capaz de describir la realidad desde una dimensión específica. En cierto modo, son equivalentes a las materias interdisciplinarias en la sociedad occidental. Disciplinas que van desde el arte culinario, pasando por la música, la medicina natural, el yoga, la arquitectura védica (considerados los diseños celestiales más valiosos y antiguos, fuente del feng-shui chino y de gran influencia para el bienestar personal) hasta la sofisticada ciencia védica de la astrología, astronomía, cosmología y metafísica. Influenció profundamente al pensamiento occidental, desde los griegos y babilonios hasta la ciencia moderna. Los registros védicos presentan cálculos muy precisos un milenio antes que Copérnico, Galileo, Newton o Einstein.

Lo más notorio es que estas dimensiones de conocimiento contienen las leyes de la naturaleza y que son expresadas en la creación y en nuestra propia fisiología.

Grandes religiones como el hinduismo, el jainismo y el budismo beben de la fuente de los Vedas.

Una de las treinta y seis más una (Ṛgveda) disciplinas o ramas del conocimiento de la literatura védica es el Yoga. Representa entre un 2%-3% de la vasta literatura védica.

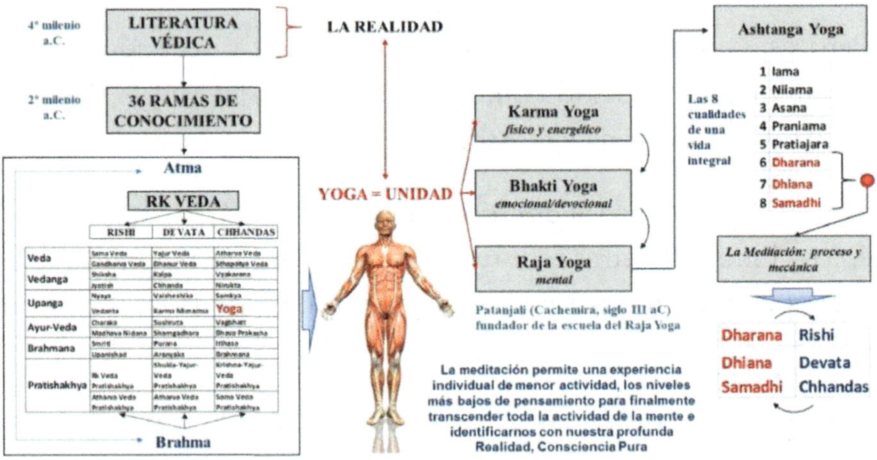

Figura 70: Muestra la estructura de los Vedas y las 36 ramas del conocimiento – Literatura Védica. Ātman representa la fuente del Veda, totalmente despierta en su potencialidad que es la totalidad (Brahmā). Todo este conocimiento representa las leyes fundamentales de la naturaleza, expresadas en nuestra fisiología humana. El esfuerzo humano en comprender y realizar la realidad a través del autoconocimiento: Karma Yoga, Bhakti Yoga y finalmente el Rāja Yoga de Patañjali para permitir y hacer emerger las 8 cualidades de una vida integral. Dhāraṇā (sostener), dhyāna (meditación) y samādhi (absorción) representan los valores que emergen a través de la mecánica de la meditación donde el observador (Rishi) a través del proceso (Devatā) se identifica con la realidad (Chhandas). En el cristianismo tiene su equivalencia: Hijo, Espíritu Santo y Padre.

Yoga significa "unidad". La mente individual se identifica con la mente cósmica. La idea del yoga es que despiertes y alcances la comprensión de la realidad a través del autoconocimiento. ¡Esa es la idea! Pero el yoga tuvo distintas aproximaciones a través de las eras. El Karma Yoga es el yoga más antiguo y propone la comprensión de la realidad a través de nuestro universo físico y energético. Lo componen multitud de yogas: Laya, Haṭha, Kuṇḍalinī, Nīdhra, Kriyā… Es la visión moderna de Einstein, todo es masa y energía. Más tarde aparece el Bhakti Yoga como extensión del Karma Yoga y propone una extensión de la comprensión de la realidad a través de la mente consciente. Nuestro universo es físico, energético y autoconsciente. Y finalmente aparece el Rāja Yoga de Patañjali. Patañjali fue un sabio que se especula vivió en algún tiempo en siglo III antes de Cristo en Cachemira. Patañjali fue un "hito", hay un antes y un después. Todo el mundo se referencia a Patañjali.

Patañjali bebe de dos fuentes: es un erudito del conocimiento antiguo de los Vedas y de su personal proceso de iluminación. Tiene una visión muy profunda del camino de transformación psicológica de la persona. Integra todo el Yoga y lo hace conforme a la antigua literatura védica. Nace la metodología del Aṣṭāṅga Yoga, donde se describe el proceso y la mecánica de la meditación como herramienta fundamental para realizar la experiencia de la realidad.

En ese momento, se formula la meditación moderna del Rāja Yoga: **autotrascendencia automática del pensamiento** (dhāraṇā, dhyāna, samādhi), para llevar la mente consciente a identificarse con la Conciencia Universal, la Conciencia Pura. Se produce la liberación y la inmortalidad. Ha permanecido invariable a lo largo del tiempo, protegida y transmitida por un linaje de maestros a lo largo de los siglos hasta nuestros días.

Y ahora, tú, ¡la aprenderás!

Mecánica a la meditación profunda: cómo funciona

Nos vamos acercando al momento de realizar nuestro viaje interior. Pero antes debes comprender cómo funciona la meditación.

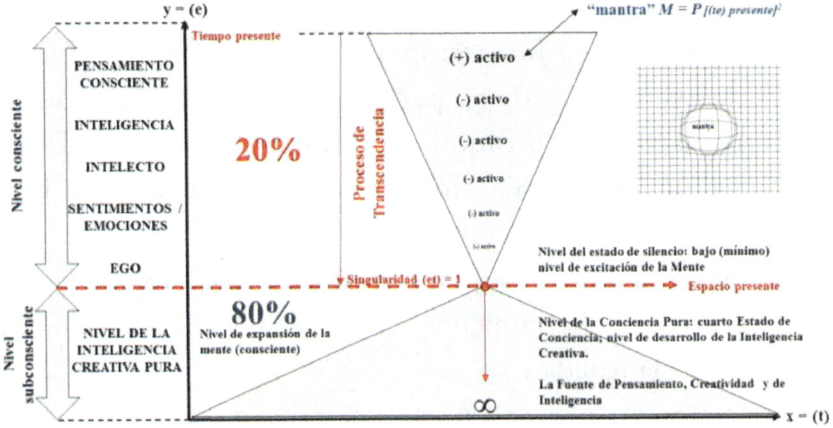

Figura 71: modelo de creación del estado de meditación

La creación del estado de meditación es equivalente a crear una singularidad espacio tiempo. Nuestra mente está estructurada, podríamos decir, en dos grandes bloques: la mente consciente y la subconsciente. Supongamos un plano argand de ordenadas y abscisas, donde las ordenadas definen el espacio y en las abscisas el tiempo. Representa nuestra experiencia del espacio-tiempo. Ahora situamos en las ordenadas la estructura de la mente. En un nivel superior, encontramos nuestra mente consciente. Esta está estructurada en varias capas. Cuanto más arriba, más concreción y menos energía. Cuanto más profunda (más abajo), mayor es la energía y menor la concreción. Así pues, en la parte de nuestra mente consciente, encontramos distintos niveles. En la parte más superficial está el campo de la acción: la actividad, la palabra y el pensamiento consciente; también los deseos. En un nivel más profundo, encontramos la inteligencia y el intelecto; el intelecto te dice lo "qué" hay que hacer y la inteligencia el "cómo". Este nivel es más poderoso. En una capa inferior, encontramos los sentimientos y las emociones. Estas siempre son más poderosas, pero también más difíciles de definir. Finalmente, encontramos nuestro ego, el gran constructor y conseguidor de nuestra vida. Cuanto más nos adentramos en la estructura de la mente, mayor es la energía contenida y la fuerza que podemos liberar, pero mayor es la dificultad de definición a esos niveles más profundos. Proyectamos toda nuestra actividad en la vida desde estas dimensiones conscientes, pero sabemos que solo representa un porcentaje de todo el potencial.

Es en el nivel subconsciente donde reside un océano inmenso de inteligencia creativa y energía. Es desde donde emerge la genialidad, el talento, la creatividad y el poder.

Cuando meditamos usamos un mantra, que es equivalente a un pensamiento, del cual solo aprovechamos su energía o vibración y despreciamos su propósito o significado. Un tensor de energía. La razón de ello es porque el significado es siempre el mismo en cualquier nivel de vibración o energía, es decir, no es modulable. Sin embargo, la vibración sí es modulable. Durante la mecánica de la meditación, empezamos a experimentar niveles de menor actividad o excitación. Cuanto menor es la actividad que experimentamos, mayor es el nivel de profundidad que alcanzamos en la estructura de la mente. Hasta que se produce una singularidad. Una rotura del espacio tiempo. En ese instante, nuestra mente consciente pierde las referencias y se libera. Se expande tendiendo al infinito. En ese preciso instante (de no-tiempo), estás en estado de meditación. Un estado radical, a nivel psicológico y físico. Accedemos a las reservas de energía e inteligencia creativa de la naturaleza dentro de nosotros mismos.

Las cualidades y valores de la inteligencia creativa de la ley natural emergen de manera espontánea y enriquecen todos los campos de nuestra vida. ¡Oirás los sonidos del Veda! La vibración de la conciencia y el conocimiento puro. El perfume de la conciencia pura, infunde el valor en nuestra mente consciente y modifica nuestro estado. Nace la metamorfosis del comportamiento y comienza el gran cambio.

La meditación: la gran iniciación

Llegó el momento. Recuerda que aprenderás una técnica muy específica de meditación, categorizada como "**autotrascendencia del pensamiento**"; esto consiste en utilizar un "**mantra**", **mantener ojos cerrados y permanecer en silencio**.

Si nunca has practicado meditación, entonces tu aproximación será inocente, y ese es el mejor punto de partida. Si, por el contrario, tienes experiencia en otras técnicas, necesitarás estar abierto a aceptar que lo que aprendas ahora puede ser distinto a lo que tenías establecido. Mi consejo es que aceptes este proceso si quieres meditar bajo esta metodología. No mezcles técnicas, sería desmontarlo todo y acabarías por no hacer nada bien.

Antes de cerrar tus ojos, debes saber cuál es la primera ley de la meditación avanzada. Esta debería estar escrita en piedra:

LA MEDITACIÓN NO ES UN ACTO INTELECTUAL, ES MECÁNICO

Quien pretenda convencerte de lo contrario en este método, es simplemente porque "no tiene ni idea" de cómo funciona.

El éxito de la meditación no depende del mantra, depende del proceso y la mecánica. El propósito de usar un mantra es facilitar el proceso de trascendencia de manera automática, a la par que produce una estabilización del funcionamiento del cerebro, generando un patrón estable de meditación. Por poner un ejemplo que lo ilustre, imagínate que te encuentras en lo alto de un edificio que desconoces, se apagan las luces y te quedas a ciegas. Te sientes perdido, no sabes cómo salir. Entonces, encuentras una barandilla, aunque no ves el camino, la sigues con las manos y esta te conduce a través de la oscuridad, hasta la luz de la salida. Esa barandilla es el mantra. Es un apoyo donde la mente consciente se fija y, a través de su mecánica, la mente reduce su nivel de actividad hasta un estado de mínima excitación donde se produce la percepción de la conciencia pura.

Llegó tu momento

Siéntate de manera cómoda. Se medita sentado, nunca estirado, a menos de que estés enfermo y te encuentres postrado. La espalda debe estar recta, pero no forzada. No hace falta que seas un yogui consumado que es capaz de estar en siddhāsana o en loto completo, aunque si dominas la postura, mejor para ti. Una simple silla es suficiente. Pero tampoco te relajes en un sofá medio tumbado, como si fueras a dormir. Puedes apoyar los riñones en el respaldo, siéntate de manera cómoda. Las manos, recogidas sobre tu regazo.

Incienso, velas, attrezzo…como quieras. No es necesario. Pero, sobre todo no pongas música. Generarás mayor actividad en el cerebro de ondas de alta frecuencia beta y gamma, te alejarás de este patrón de meditación.

Te aconsejo una pequeña manta para no pasar frío. Colócatela por delante, cubriendo el pecho y los hombros.

Enciérrate en tu habitación, baja la luz. Mejor con luz natural. A media luz, perfecto.

Una vez posicionado, cierra los ojos y espera, descansa. Tómate unos segundos para sentir que te relajas, que tu fisiología se relaja. Deja que la cabeza se incline o caiga ligeramente hacia adelante.

Introduce un mantra, por ejemplo "**Om**", en tu mente. No lo pronuncies en voz alta, solo mentalmente, de manera muy amable y delicada. Repite el mantra de manera secuencial (om…om…om..). No es una clara pronunciación. Más que una pronunciación, **es una presencia sutil en el fondo de nuestra mente**. Adáptate a su secuencia. Déjalo fluir. Si se acompasa con la respiración, acéptalo. No intentes meditar. **No te concentres.** Huye de la concentración. Si te concentras, generas actividad. Tu camino, ahora, es en dirección distinta en ciento ochenta grados: te diriges hacia el silencio. El silencio es equivalente a ausencia de actividad; si te concentras, te alejas del silencio. Déjate caer, permite que el mantra te conduzca de manera mecánica, sin tu participación, al estado de mínima excitación mental. Deja fluir la respiración, no la controles. Si te vienen pensamientos e imágenes, déjalos que vengan, no luches ni los rechaces, permite que fluyan y obsérvalos. Estos están relacionados con el estado de tu fisiología. Son producto del proceso de eliminación de tensiones y fatiga acumulada. Si el mantra tiene tendencia a marcharse, no lo retengas, déjalo ir. Pero cada vez que caigas en la cuenta de que ya no estás pensando el mantra, recupéralo de manera amable y sin esfuerzo. Rescátalo, tantas veces como sea necesario, pero sin esfuerzo. Hay un aforismo clave en la meditación: "**menos es más**", como casi todo en la vida. Cuando menos hagas dentro de la meditación, mejor te funcionará. En la meditación solo se hacen dos cosas, decidir empezar y decidir terminarla, el resto del tiempo es "adaptación". La mínima actividad mental es la simple atención. Observa el silencio que hay entre repetición y repetición sutil del mantra.

Felicidades, ¡estas meditando! ¡De manera auténtica! ¡Es fácil!

Tu cerebro ya está funcionando en modo de meditación avanzada. Es tu primer gran paso.

Medita durante unos **diez minutos**. Luego quédate un par de minutos más en silencio, con los ojos cerrados y sin mantra, descansando. Pasado este tiempo, abre muy lentamente los ojos para incorpórate a la actividad.

¿Cómo te sientes?

La respuesta puede ser muy compleja y por esto necesitas a un buen profesor.

Te daré algunos indicadores que te permitirán reconocer que meditas correctamente:

Durante la meditación:

- La respiración debe volverse muy fina y automática. Podría llevarte a pensar que tal vez ni respiras. Hay una reducción drástica del nivel de respiración.
- Pierdes conciencia corporal. Durante la meditación, solemos perder conciencia física, suele perderse sensación de manos y piernas.

- Sientes una gran relajación.
- Hay una distorsión del tiempo y del espacio.
- Pierdes conciencia de ti mismo, aumenta la conciencia del Ser.
- Se produce un silenciamiento de la mente.
- Se produce claridad mental.
- Se produce paz interior y plenitud.

Después de meditar

- Percibirás mayor claridad mental.
- Descarga, un sentimiento de cierta ligereza y limpieza.
- Paz y serenidad.
- Mayor autocontrol.
- Sientes que vas menos acelerado, con más calma y distancia.

Reflexiona un poco sobre lo que has sentido. Es probable que hayas tenido muchos pensamientos durante la práctica, también sensaciones físicas o incomodidad. Todas las sensaciones cuentan, agradables o no. Si has experimentado silencio profundo, habrá sido un buen regalo, pero en caso contrario, si tu mente ha estado dispersa, también has estado meditando, aunque pienses lo contrario o lo dudes. Hay muchos elementos que intervienen. Fíjate, sobre todo, en cómo te sientes después.

Pasados unos minutos, repite la meditación durante diez minutos más. **¡Sigue exactamente el mismo proceso y mecánica!**

Cuando termines, incorpórate a la actividad y no vuelvas a meditar hasta que hayan pasado entre cuatro y cinco horas. ¡Mejor cinco que cuatro!

La próxima vez, medita veinte minutos más los dos minutos de descanso (sin mantra). La meditación óptima es de veinte minutos.

Medita dos veces al día, una por la mañana y otra por la tarde. No hay horarios, pero una hora estratégica es antes de comer. Medita esos veintidós minutos cada vez (20'+2' de descanso). Recuerda que siempre debes empezar con un minuto de silencio con los ojos cerrados.

Recuerda: ¡No te pongas música! ¡Grave error! Manejar el ruido ambiental, ese es otro tema. Meditamos ¡a pelo!, sin músicas ni otras historias, en silencio y con los ojos cerrados.

Se puede meditar por la noche, pero no te lo aconsejo. Utiliza la meditación y su valor para que te ayude dentro de la jornada laboral.

Si haces algo de deporte o practicas āsanas de Haṭha Yoga, después puedes tomar una ducha, ponerte ropa cómoda y meditar. Es una excelente rutina.

Las personas que compiten, lo hacen distinto: primero meditan y después compiten, porque les mejora el rendimiento mental y físico.

Durante la meditación, deja fluir los pensamientos.

Debes poder meditar en cualquier sitio. La meditación no depende del entorno, depende del proceso y de la mecánica. Siempre que te sientas distraído, recupera el mantra.

Durante la meditación, se pueden producir muchas sensaciones físicas: picores, cambios de temperatura, transpiraciones y malestar físico. Todo esto está relacionado con nuestro estado físico y con el proceso de eliminación de tensiones y fatiga. También hay sensaciones físicas relacionadas con nuestra propia actividad fisiológica. Siempre que te sientas distraído por este tipo de sensaciones, recupera el mantra de manera amable y sin esfuerzo.

Por último, ten presente tres claves en la meditación:

- **Actitud: descanso.**
- **Mantra: de manera amable y sin esfuerzo.**
- **Gestión: fluir.**

Recuerda que, si quieres profundizar más y tener una formación sólida, te recomiendo cursar un programa de formación y acompañamiento. Te será definitivo. ¿Dónde? Por supuesto, en *Executive Meditation.* ¿Otras opciones? Va a depender de que tengas o des con un buen profesor. El grupo de Meditación Trascendental tienen un buen método y profesores cualificados.

Ahora tienes una herramienta. Si bien se pueden obtener resultados contrastables en las primeras semanas de practicar meditación avanzada, alcanzar una profunda comprensión de su funcionamiento en tu fisiología y el dominio de la misma lleva tiempo, puede que años. Pero no lo dudes, tienes un buen punto de partida si sigues la metodología.

El camino a estados superiores de meditación permanentes es un camino duro, de años de meditación. Cada uno de nosotros sigue su *sādhanā*, el esfuerzo en conseguir la meta. Sigue tu intuición. Lo más importante es disfrutar del camino y de la vida. Por el sendero te llegará la liberación.

Me cuesta meditar

El camino del éxito en la meditación es verla desde una perspectiva de alto nivel. Sabes que vas a tener meditaciones agradables y satisfactorias en comparación con otras muy superficiales y poco o nada placenteras. Deberás tener ambas en cuenta y gestionarlas, como parte del camino de tu evolución, que te conduce al crecimiento personal. Eso es tener éxito en meditación. Esta idea también es válida para el progreso en la vida. El éxito es el conjunto de aciertos y desaciertos que bien gestionados te conducen por el sendero de la evolución hacia alcanzar tus propósitos.

Dicho esto, ¿te cuesta meditar? ¡En tiempos de crisis todavía más! Si bien nuestra vida ajetreada nos lleva a acumular estrés y fatiga, en tiempos de crisis, nuestra vida y fisiología están todavía más agitadas. Los pensamientos, la agenda diaria, las preocupaciones, la ansiedad, el ritmo personal y de nuestro entorno, la incertidumbre, las amenazas, el miedo, el desconcierto, la frustración, el desengaño, ... hay tantos elementos causantes incluido la falta de descanso, la alimentación y la contaminación medioambiental.

Los motivos esenciales de que nos cueste meditar son: por falta de **conocimiento** y de **tiempo**. La **disciplina** es imprescindible.

Todos tenemos la capacidad de meditar, de generarnos con éxito este estado mental de paz y silencio interior, claridad mental y plenitud en estado de profunda relajación. En este proceso te encontrarás con pensamientos, con malestar físico (incluso intenso) y puede que también con somnolencia, desconexiones tipo blackout (no me he dormido, pero no sé dónde he estado) o directamente caer profundamente dormido. Incluso con todas estas dificultades, ¡estás meditando! Aunque esta afirmación te resulte extraña, te suscite dudas o no la comprendas ahora. El problema principal es gestionar estas barreras correctamente porque si no lo haces, ellas acabaran por sacarte definitivamente del proceso y del estado de meditación. Son como muros que también forman parte de la meditación. Así que no luches contra ellas, hay que aprender a manejarlas. El camino es la "**no lucha**" y la **aceptación**.

No te desesperes ante las dificultades. Busca ayuda con un buen profesor que tenga experiencia. La formación es fundamental. La meditación está llena de detalles.

La dedicación regular es esencial. No debes, ni es necesario, dedicar mucho tiempo a la meditación, solo necesitas un máximo recomendable de veinte minutos, una vez por la mañana y otra por la tarde. Pero cada día. Puede que pienses que encontrar o incluir ese tiempo en tu agenda es difícil. ¡Y así es! Pero si decides apostar e invertir ese tiempo, la calidad del día y de la semana cambiará a mejor, o a mucho mejor. **Invierte tu tiempo en meditar**.

No te obsesiones con la posición. Medita sentado y en una posición cómoda. No medites tumbado a menos que no te quede remedio, por ejemplo, porqué estás postrado por enfermedad.

Recuerda que el objetivo no es meditar, sino mejorar nuestra calidad de vida. No tires la toalla, persigue tu *sādhanā* y la naturaleza te traerá los recursos que necesitas. ¡Persevera! Abandónate a tu camino y confía en ti.

—

Comprende que la transformación personal llega con la regularidad en la práctica.

Este es tu primer paso de meditador auténtico. Si ya eras un meditador consumado, entonces sabrás reconocer el valor de los detalles. Desarrollar la habilidad y superar todos los contratiempos, requiere formación y compromiso. Sí es tu primera vez o tienes poca experiencia, te animo a seguir, porque tienes en tus manos una herramienta de gran poder.

Sí, es sencilla, pero no ¡simple! Te lo repito… ¡confía en ti!

La aventura de la vida es no saber qué pasará mañana. Debes aceptar que no tienes el control del futuro. Solo tenemos el control sobre el presente. Es por eso que debes aprovechar el momento. Nos pasamos la vida proyectando hacia el pasado o hacia el futuro, por eso perdemos el momento presente y nos impide vivir el ahora. Piensa que tal vez no tengamos un mañana, así que deja de planificar y vive el ahora, tu momento presente. Recupera la imaginación y la creatividad, aléjate de los engaños fáciles de una sociedad que permite vivir en una realidad virtual. Vemos como hemos perdido la capacidad de luchar por un propósito, de esforzarnos. Nos hemos acostumbrado a conseguir las cosas de manera fácil. Aléjate de un sistema que te anula. Podrás hacer cosas grandes y romper barreras, si te proyectas desde el ahora. La confianza la obtienes cuando te das cuenta de que tú eres quien escoges. Reformula tu relación contigo y con la naturaleza, realiza tu libertad. No dejes que ningún temor se apodere de tu espíritu, todo en la vida es elección.

Cuando cierras los ojos y meditas, es el momento más auténtico de tu vida.

Como pensaba el gran Leonardo da Vinci:

"Levántate por tus propios medios"

"Acostarse en una cama de plumas no te traerá fama, ni acostarte debajo del edredón…"

Dante Alighieri, quoted by Leonardo da Vinci in his notebooks (D. Smith – How to Think Like da Vinci)

Figura 72: Leonardo Da Vinci

CONFÍA, SOBRE TODO, EN TI – GRACIAS.

Made in United States
North Haven, CT
04 September 2026

17963623R10124